풍요중독사회

풍요중독사회

불안하지 않기 위해 풍요에 중독된,
한국 사회에 필요한 사회심리학적 진단과 처방

김태형 지음

한겨레출판

2장

불안의 시대

3장

불화지수로 한국인의 정신건강 진단하기

4장

존중받기 위해 돈을 욕망하는 사람들

5장

초라한 개인주의 사회

6장

인간은 왜 정의를 원하는가?

7장

어떻게 하면 풍요-화목사회로 갈 수 있는가?

1장

모두 다
승자인 동시에
패자인 사회

오늘날 자본주의는 사회에 마구 칼질을 해 사람들을 다층적 위계로 썰어놓고는 동일한 위계의 사람들조차 채로 쳐 사방으로 흩어놓는다. 파편화, 원자화된 사람들은 자신의 위계를 긍정하기 어렵고, 자연스레 연대는 이뤄지지 못한다.

20세기 말 사회주의진영이 붕괴되고 자본주의국가들에서의 진보 운동이 퇴조하면서 인류의 뇌리에서는 평등이라는 단어가 거의 삭제되다시피 했다. 그러나 21세기에 들어서면서부터 인류는 다시금 평등에 주목하기 시작했고, 그 결과 정의와 공정이 시대의 화두로 떠올랐다. 21세기의 인류가 평등과 정의를 요구하게 된 데에는 여러 이유가 있지만, 그중에서 가장 중요한 것은 평등과 정의가 인간의 건강한 삶과 행복에 필수임을 고통스러운 체험을 통해 깨달았다는 것과 관련이 있다. 경제성장이 일정한 수준을 넘어서면, 경제적 수준이 더 이상 삶의 질이나 행복과 비례하지 않거나 혹은 반비례하는 현상을 '풍요의 역설'이라고 한다. 경제학자 리처드 이스털린은 제2차세계대전 이후 미국의 GDP(국내총생산)가 꾸준하게 상승했지만 미국인의 행복감은 상승하지 않았다는 사실을 지적했는데, 이 때문에 풍요의 역설을 '이스털린 역설'이라고 부르기도 한다. 불평등의 확대로 인해 풍요의 역설을 고통스럽게 체험한 인류는 21세기에 들어서면서 물질주의를 회의하게 되었고 벗어나려 하기 시작했다.

자본주의로 단일화된 세계는 인간의 삶에서 물질 혹은 경제가 가장 중요하다는 물질주의 이데올로기를 일반화시켰다. 간단히 말해 물질주의란 인간을 행복하게 해주는 것이 돈이므로 인간에게 돈이 가장 중요하고, 돈을 많이 벌게 해주는 경제성장이 제일 중요하다는 주장이다. 물질주의가 자본주의 세계에 널리 퍼진 결과 사람들은 경제성장의 지표인 GNP나 GDP 등으로 사회의 우열을 구분했다. 즉 물질적 생활수준이나 경제발전의 지표인 GDP 등에 근거해 여러 국가를 선진국, 중진국, 후진국으로 분류한 것이다.

얼마 전까지만 해도 한국인들 역시 물질주의 이데올로기를 받들어왔고 돈이 곧 행복이라는 믿음을 간직한 채 살아왔다. 한국인들은 배고픔에 시달리게 했던 가난에서 벗어나기만 하면 행복해질 것이라고 확신하며 경제성장에 총력을 기울였다. 그러나 한국인은 물론이고 오늘날의 인류는 과거보다 물질적으로 훨씬 더 풍요로워졌음에도 오히려 전보다 정신적으로 더 힘들어졌고 불행해졌다는 풍요의 역설을 마주했다. 즉 21세기에 들어서면서 인류는 인간의 건전한 삶과 행복은 물질적 풍요만으로는 절대로 가능할 수 없다는 것, 우리가 중요한 무엇인가를 놓치고 있음을 체험을 통해 깨닫기 시작했다.

자본주의 세계에서 살고 있는 인류가 놓친 것은 과연 무엇일까? 사람을 사람답게 살게 해주고 행복하게 하는 건전한 사회는 두 가지 목표를 달성한 사회이다. 먼저 하나는 물질적 풍요다. 헐벗고 굶주리면서 살아가는 삶은 사람다운 삶일 수 없다. 또 그런 삶 속에서 사람들은 행복할 리 없다. 따라서 건전한 사회는 최소한 모두가 의식주 걱정 없이 살아갈 수 있을 정도로 풍요로워야 한다. 다른 하나는 화목이다. 사람들이 서로 불신하고 미워하고 다투면서 살아가는 삶은 사람다운 삶이라 할 수 없다. 따라서 건전한 사회는 사람들이 서로 도와주고 이끌어주면서 사이좋게 살아갈 수 있을 정도로 화목해야 한다.

사실 인류는 머나먼 옛날부터 이상사회를 풍요롭고 화목한 사회로 이해했는데, 이것은 동서고금을 막론하고 인류가 이상사회를 어떻게 묘사해왔는지 살펴보면 금방 알 수 있다. 인류는 물질적으로만 풍요로운 사회를 이상사회로 여기지 않았다. 즉 어떤 사회가 제아무리 풍요롭더라도 노예나 농노를 노예주나 지주가 지배하고 착취하는 사회, 사람들이 서로를 미워하여 갈등하는 사회는 이상사회가 아니라고 생각했다. 인류는 물질적으로 풍요로운 동시에 화목한 사회를 이상사회로 여겼고 그런 세상을 꿈꿔왔다. 이것은 기독교가 묘사하는 천국의 모습에서 직관적으로 알 수 있다. 기독교에서는 천국을 '젖과 꿀이 흐르는 세상', 그리고 '사자와 어린 양이 사이좋게 뛰노는 세상'으로 묘사한다. 젖과 꿀이 흐르는 세상은 물질적으로 풍요로운 사회를 의미하고, 사자와 어린 양이 뛰노는 세상은 화목한 사회를 의미한다. 최근 여러 연구들은 인간이 건전한 삶을 영위하고 행복해지려면 물질만이 아니라 관계와 공동체가 반드시 필요하며, 전자보다 후자가 더 중요하다는 것을 말해준다.

건전한 사회 혹은 이상사회가 두 조건의 충족 혹은 목표 달성을 필요로 한다는 사실을 고려해보면, 어떤 사회가 가장 우월한 사회인가를 따질 때 물질적 부가 유일한 기준이 아님을 알 수 있다. 즉 '풍요(젖과 꿀이 흐르는 세상)'와 '화목(사자와 어린 양이 사이좋게 뛰노는 세상)'이라는 두 가지 기준에 근거해 판단해야 하는데, 이 경우 사회를 크게 네 가지 유형으로 구분할 수 있다.

우리가 알아야 할 네 가지 유형의 사회
|
가난-불화사회

화목한 사회는 그 사회의 평등 수준이 높아야 한다. 평등은 정상적이고 건강한 인간관계의 필수 전제이다. 좋은 관계는 평등한 두 사람 사이에서 발생한다. 권위적인 직장 상사와 그의 말에 그대로 따를 수밖에 없는 부하 직원 같은 불평등한 수직적 관계에서는 일반적으로 화목하기 어렵고 건강한 관계 역시 쉽지 않다. 화목한 사회는 사람들이 서로 돕고 이끌고 협력하며 살아가야 하기에 평등 수준이 높아야 한다.

자본주의 시대 이전의 인류 사회는 거의 가난한 사회라고 해도 무방하다. 그러나 자본주의 이전 시기에도 평등 수준이 높아서 화목했던 사회가 있었고, 평등 수준이 낮아서 불화했던 사회가 있었다. 예를 들어 건국 시기부터 전성기까지의 로마제국이 전자라면, 쇠락기에 접어든 이후의 로마제국은 후자라고 할 수 있다. 아주 엄격한 기준 혹은 절대 기준을 적용할 경우 자본주의 이전 시기까지의 계급사회는 모두 가난-불화사회이다. 노예주와 노예가 갈등했던 노예제사회나 지주와 농노가 갈등했던 봉건사회처럼 치열한 계급투쟁이 벌어졌던 사회를 화목하다고 말할 수 없다. 그러나 상대적인 기준을 적용할 경우 자본주의 이전 시기의 계급사회들은 가난-화목사회이다. 계급 간 불화로 특징되는 자본주의 이전 시기의 불화는 풍요로운 자본주의사회에 비하면 대단히 양호한 불화이기 때문이다. 이 점은 후에 자세히 살펴볼 것이다.

가난-화목사회

가난하지만 화목한 사회가 과연 존재할 수 있을까? 답부터 말하자면 '그렇다'이다. 우선 가난-화목사회는 인류 역사에서 장기간 존재했다. 마르크스는 인류의 역사 무대에 최초로 등장했던 사회, 계급이 발생하기 이전까지의 사회를 원시공동체 사회 혹은 원시공산제 사회로 명명했다. 서구 인류학자들은 이런 사회를 수렵채취사회라고 부른다. 장구한 인류 역사에서 이 원시공동체 사회가 차지하는 비율은 95퍼센트나 된다. 원시공동체 사회는 물질적으로 풍요로운 사회라고 할 수는 없지만, 평등 수준은 대단히 높았던 화목한 사회였다. 물론 이 시기의 인류가 의식 발전 수준이 매우 낮았던 것과 관련해 여러 문제점이 있기는 하지만, 여기에서는 원시공동체가 화목한 사회였다는 점만 강조하기로 한다. 오늘날에도 수렵채취사회를 유지하면서 살아가는 원주민들이 있는데, 이들의 사회 역시 가난-화목사회라고 할 수 있다. 사회주의국가인 쿠바나 아프리카의 일부 소국 등도 가난하지만 평등 수준이 높은 가난-화목사회라 평가된다.

마지막으로 상대적인 기준을 적용하면 과거의 가난-불화사회들 중에서 상당수가 가난-화목사회로 분류된다. 예를 들면 삼국 통일 이후부터 1980년대까지의 한국 사회는 절대적 기준으로는 가난-불화사회지만, 상대적 기준으로 대체로 가난-화목사회였다고 말할 수 있다. 왜냐하면 과거 계급 간 불화는 심각했지만, 계급 내부는 비교적 화목한 편이어서 풍요-불화사회에 비하면 화목했다고 말할 수 있기 때문이다.

풍요-불화사회

일시적이고 우연적인 풍요를 논외로 한다면, 풍요로운 사회는 기본적으로 자본주의사회에서 과학기술의 발전과 산업혁명으로 생산력이 빠른 속도로 발전하기 시작한 이후 비로소 등장했다. 즉 전형적인 의미에서의 풍요 사회는 생산력이 일정 수준을 돌파했던 19세기 무렵부터 본격적으로 등장했다. 자본주의 세계에서 소위 선진국으로 일컬어지던 미국이나 유럽의 여러 나라가 여기에 해당된다.

자본주의적 발전에서 우위를 점했던 서구 나라들은 자본주의의 모순을 해결하기 위해 식민지를 개척했다. 식민지 쟁탈전이었던 제2차세계대전을 기점으로 선진 자본주의 나라들은 계급투쟁 나아가 사회주의혁명의 위협으로부터 자본주의 체제를 수호하기 위해 복지제도를 만들거나 지배층의 부를 국민들에게 나눠 줌으로써 평등 수준을 큰 폭으로 끌어올렸다. 한마디로 노동자를 비롯한 민중의 불만을 달래기 위해 급진적인 개혁을 추진한 것이다. 그 결과 1940년대부터 1970년대까지 소위 선진국들은 과거에 비해 평등 수준이 크게 높아지고 화목해졌다. 이 시기 자본주의 나라들은 상대적인 의미에서 풍요-화목사회였다고 말할 수 있다. 그러나 1980년대부터 대부분의 자본주의 나라가 신자유주의적 자본주의로 전환해 평등 수준은 크게 낮아졌고 사회적 불화 역시 심각해졌다. 그 결과 경제적으로 발전한 자본주의 나라들은 대부분 전형적인 풍요-불화사회가 되었다. 한편 전형적인 풍요-불화사회보다 상대적으로 평등 수준이 높고 인간관계가 양호한 북유럽 나라들은 풍요-화목사회라고 할 수 있다. 즉 상대적인 기준으로 보면 북유럽 나라들은 풍요-화목사회인 것이다. 그러나 절대적인 기준에는 북유럽 나라들 역시 풍요-불화사회에 해당한다.

풍요-화목사회

절대적인 기준에서의 풍요-화목사회는 인류가 꿈꿔왔던 이상사회이다. 풍요-화목사회가 곧 이상사회라면, 적어도 현재까지 풍요-화목사회는 존재하지 않는다고 말할 수 있다. 하지만 국민들의 의식주 문제를 원만하게 해결하고 평등 수준 역시 높아서 관계가 양호한 사회는 상대적 기준에서 풍요-화목사회로 분류할 수 있다.

①가난-불화사회는 '한 쪽밖에 없는 콩을 서로 차지하려고 싸우는 사회', ②가난-화목사회는 '콩 한 쪽이라도 나누어 먹는 사회', ③풍요-불화사회는 '먹을 것이 넘쳐나지만 극소수가 독차지해 남은 사람들끼리 서로 싸우는 사회', ④풍요-화목사회는 '먹을 것이 풍족하고 사이좋게 나누어 먹는 사회'라고 할 수 있다.

지금까지 네 유형의 사회를 간략히 살펴보았다. 이들 사회에 순위를 매기면 어떤 결과가 나올까? 아마 물질주의적 시각을 가진 사람들은 ④, ③, ②, ①로 순위를 매길 것이다. 그러나 나는 ④, ②, ①, ③이 옳다고 생각한다. 사람에게 더 중요한 것은 풍요가 아닌 화목이기 때문이다.

가난-불화가정, 가난-화목가정, 부유-불화가정, 부유-화목가정을 떠올려보자. 가난해서 끼니 걱정을 해야만 하는 데다 아버지와 어머니, 형제들이 매일같이 싸우는 가난-불화가정 속 가족들이 제일 힘들고 불행할 것이라는 의견에 누구나 동의할 것이다. 그렇다면 그다음으로 불행한 가정은 어디일까? 부유-불화가정이다. 이런 가정의 아이들은 맛난 음식은 배불리 먹어도, 아버지와 어머니 사이의 불화나 형제들 사이의 불화로 심각한 고통을 경험할 것이다. 극단적인 가난을 제외한다면, 비록 가난하더라도 가족 모두가 화목한 가정에서 산다면 행복할 수 있고 실제로도 그렇다. 과거에는 사회가 가난하더라도 가족을 비롯한 공동체들은 화목한 편이었다. 그러나 오늘날의 한국에서는 가난이 대체로 가정의 화목을 파괴하는 경향이 있다. 부유-화목가정의 가족들은 생계 걱정을 하지 않아도 될 뿐만 아니라 가족 내 관계에서도 스트레스를 받을 일이 없을 것이다. 먼저 풍요-불화사회를 자세히 살펴보자.

한국이 '풍요의 역설'을 빗겨가지 못한 이유

오늘날의 한국은 경제적 기준, 예를 들어 GDP를 기준으로 볼 때 선진국임이 분명하다. 그렇지만, 꿈에서도 갈망하던 선진국의 반열에 올랐는데도 불구하고 한국인들은 풍요의 역설로 괴로워하고 있다. 과거 한국인들은 워낙 가난했기에 먹고사는 문제만 해결하면 행복해질 거라고 믿었다. 그러나 오늘날 한국인들은 "분명히 과거보다 더 풍요로워졌는데, 왜 이렇게 힘들고 불행한 거야? 무엇인가 잘못되었어"라고 외치고 있다. 이런 외침은 경제가 성장하는 과정에서 사람들의 관계가 악화될 수 있다는 점을 고려하거나 예측하지 못한 데서 비롯되었다.

1970~1980년대까지만 해도 사람들의 관계는 비교적 양호했기 때문에 한국인들은 돈만 벌면, 경제성장만 하면 모든 문제가 해결될 거라고 믿었다. 사람들의 관계가 양호할 때에는 화목이 얼마나 중요한지 자각하기 힘들 수 있다. 한국의 기성세대가 돈만 벌면 다 해결된다고 믿었던 이유 중의 하나는 1990년대 이전까지의 인간관계가 지금보다 훨씬 더 양호했다는 사실과도 관련이 있다.

절대적인 기준에서 과거의 한국은 가난-불화사회에 포함된다. 그러나 상대적인 기준으로는 가난-화목사회였다고 할 수 있다. 과거에 계급이나 사회집단 간의 갈등이 없어서가 아니라 동일한 계급이나 계층 사람들이 화목했기 때문이다. 과거 무수한 농민봉기에서도 알 수 있듯이, 조선시대에 양반과 평민 사이는 좋지 않았다. 평민과 천민 관계 역시 좋지 않았다. 그러나 적어도 평민끼리, 천민끼리는 서로 사이좋게 지냈다. 이를 동일 위계 내 화목이라고 표현할 수 있다. 분단과 한국전쟁이라는 끔찍한 경험이 있었음에도 적어도 동일한 위계의 사람들끼리는 사이좋게 지내는 분위기가 1980년대(늦게 잡으면 1990년대)까지는 그럭저럭 유지되었다. 이런 점을 고려하면 1990년대 이전까지의 한국은 가난-화목사회이고, 21세기 이후는 풍요-불화사회라고 말할 수 있다. 한국이 가난-화목사회에서 풍요-불화사회로 변화한 것은 1990년대를 기점으로 신자유주의적 경제성장 노선을 선택하면서 불평등이 심화되고, 그에 따라 이전 시기와는 비교할 수 없을 정도로 불화가 심각해졌기 때문이다.

21세기에 들어서면서 한국 사회의 평등 수준은 크게 낮아졌다. 다시 말해 한국은 21세기에 들어와 과거보다 훨씬 더 불평등한 사회가 되었다. 소득불평등 정도를 보면, 1998년에는 최상위 10퍼센트가 국민소득의 약 3분의 1을 차지했지만, 2013년에는 거의 절반인 47.9퍼센트를 차지한다. 가장 잘사는 10퍼센트의 부자들이 국민소득의 약 절반을 차지한 반면 절대다수인 90퍼센트는 그 나머지 절반을 나누어 가졌다. 21세기에 들어와서 한국 사회에서의 소득격차는 큰 폭으로 확대되었고, 지금도 계속 확대되고 있다. 2011년에 삼성전자의 등기이사 세 명은 1인당 평균 109억 원을 벌었는데, 이것은 삼성전자 직원의 평균 연봉인 7,800만 원의 140배이고, 일반 시급 근로자 소득의 1,160배에 달하는 액수이다. 한국 사회의 재산 불평등 정도는 한층 더 심각하다. 소득 면에서는 최상위 10퍼센트가 47.9퍼센트를 차지하지만, 재산 면에서는 최상위 10퍼센트가 62.8퍼센트를 차지하고 있다. 경제학자 김낙년의 추정(2010년 기준)에 의하면, 재산 소유자 최상위 1퍼센트가 우리나라 총재산의 약 4분의 1을 차지하고 있으며, 최상위 10퍼센트는 약 3분의 2 정도를 차지하고 있다. 또한 통계청 발표(2012년 기준)에 의하면 최상위 1퍼센트인 50만 명이 전체 사유 토지의 절반 이상인 55.2퍼센트를 소유하고 있으며, 상위 10퍼센트인 500만 명이 전체 사유 토지의 97.6퍼센트를 소유하고 있다. 국세청 자료(2015년)에 의하면, 다주택자 상위 10명이 1인당 평균 240채의 주택을 소유하고 있으며, 그중에서 가장 많은 주택을 소유한 다주택자는 서울에서만 277채의 주택을 소유하고 있다.

비록 과거만큼의 고속성장은 아니지만, 한국의 경제는 21세기에 들어와서도 꾸준히 성장했다. 그러나 한국인들의 행복지수(2016년 기준)는 34개 OECD 회원국들 중에서 33등으로 거의 꼴찌다. OECD가 지속적으로 측정해온 '삶의 만족' 수준에서도 한국은 역시 하위권을 맴돌고 있다. 즉 21세기에도 경제성장은 지속되어 물질적으로는 점점 더 풍요로워지지만, 삶의 질이나 행복 수준은 오히려 떨어진 것이다. 한국이 풍요의 역설을 비껴가지 못한 것은 (상대적 의미에서) 가난-화목사회에서 풍요-화목사회가 아닌 풍요-불화사회로 줄달음쳐왔기 때문이다.

21세기형 불화는 무엇이 다른가

|

풍요-불화사회, 즉 경제적으로 부유한 자본주의사회에서 나타나는 전형적인 불화는 가난-불화사회와는 차원이 다르다. 두 가지 모두를 '불화'라고 부르기가 민망할 정도로 양자 사이에는 커다란 양적, 질적 차이가 있다. 그래서 지금부터 편의상 풍요-불화사회의 불화를 '21세기형 불화'로 지칭하기로 한다. 21세기형 불화는 다음과 같은 특징을 가지고 있다.

첫째, 21세기형 불화는 다층적 위계에 기초한 심각한 불화다. 과거 사회의 위계는 비교적 단순했다. 노예제사회에는 노예주(앞잡이)-극소수의 평민-다수의 노예라는 노예제에 기초한 위계, 봉건사회에는 왕과 귀족(앞잡이)-평민-천민이라는 신분제에 기초한 단순한 위계가 있었다. 한국의 경우 조선시대에는 양반(사)-평민(농공상)-천민이라는 위계가 있었다. 표면적으로 만인평등을 인정하는 자본주의사회에서 노예제나 신분제 사회와 같은 공식적이고 명시적인 위계질서는 없다. 하지만 자본주의사회에서는 비공식적이고 암묵적인 위계질서가 생겼고 존재하는데, 여기에서 위계를 구분 짓는 기준은 기본적으로 돈이다. 차라리 국가가 다섯 개 정도의 위계를 법으로 정해놓으면 사람들의 마음이 편할 수도 있다. 자신의 위계를 숙명으로 받아들이고 살아가면 되니까. 하지만 소득에 따라 위계가 오르락내리락하는 사회에서 살아가는 사람들의 마음은 편치 않다. 자신의 위계가 고정되지 않고 계속 불안정하게 요동치기 때문이다. 자본주의사회에서 위계는 돈으로 결정돼 과거에 비해 가변적이고 상대적이며 임의적이다.

자본주의사회에서는 돈, 즉 소득이나 재산 수준에 따라 위계가 결정되므로 경제적 격차가 확대될수록 그에 비례해 위계화 정도도 심해진다. 즉 전체 인구 중에서 1퍼센트가 부자이고 나머지는 모두 가난하면 두 개의 위계만 만들어지지만, 99퍼센트 내에서도 격차가 벌어지면 위계가 더 촘촘해진다는 것이다. 드라마 〈스카이 캐슬〉에 등장하는 한 가장은 집에 큰 피라미드 모형을 들여놓고는 자식들에게 한국이 그 피라미드와 똑같은 위계 사회이므로 어떻게 해서든 맨 위로 올라가야만 한다고 훈계한다. 인도의 카스트제도가 일곱 개의 위계로 이루어진 단순한 피라미드라면, 한국은 100개의 위계로 이루어진 다층적 위계 피라미드라고 할 수 있다. 한국에서는 단지 연봉이나 재산 같은 돈만이 아니라 돈을 상징하는 모든 것, 예를 들면 사회적 지위나 직업, 거주지역이나 아파트 평수, 자가용과 같은 각종 소유물, 학력이나 외모 등에 따라 위계가 매겨진다. 이 때문에 풍요-불화사회에서는 과거와는 달리 다층적 위계가 만들어진다.

가난-불화사회에서의 전형적이고 기본적인 불화는 권력과 생산수단을 소유한 지배집단과 민중 간의 계급적 불화였다. 반면

21세기형 불화는 자본가와 노동자의 불화만이 아닌 노동자 내부에서의 불화, 즉 대기업 노동자와 중소기업 노동자, 중소기업 노동자와 영세기업 노동자, 정규직과 비정규직 노동자의 불화까지 포함한다. 한마디로 수많은 위계로 사람들이 쪼개져 100층과 99층이 불화하고, 99층과 98층이 불화하는 식의 다층적 위계 불화가 21세기형 불화인 것이다.

둘째, 21세기형 불화는 '위계 내 불화'를 포함한다. 과거에는 불화사회라고 할지라도 동일한 위계 내 사람들끼리는 화목한 편이었다. '콩 한쪽도 나눠 먹는다'는 옛말은 가난한 농민들이 서로를 어떻게 대했는지 잘 보여준다. 반면 21세기형 불화에서는 동일한 위계 내 사람들끼리도 화목하지 않다. 한국에서 특정 대학교 간판은 그 자체가 위계화의 기준이 된다. 즉 대학생들 사이에서 xx대는 위계상 서울대보다 낮고 지방대보다는 높다. 그러면 동일한 위계인 xx대 학생들끼리는 화목할까? 그렇지 않다. xx대 안에서 다시 전공을 기준으로 위계가 정해진다. 예를 들면 경영대는 위계가 높고 철학과는 위계가 낮다. 그렇다면 철학과 학생들끼리는 화목할까? 그들 안에서도 학점과 스펙, 출신 등에 따라 위계가 정해진다. 이렇게 동일한 위계 내에서 또 위계가 만들어지고 심지어 개인 단위로 위계가 만들어지니 화목은 물 건너간 옛일이 되고 만다.

한국 사회의 위계화 정도가 얼마나 심각한지는 초등학생들을 보면 알 수 있다. 심리발달 단계에서 아동기에 해당하는 초등학생들은 모방성이 강하다. 어른들에게 의존하지만 가치판단 능력이 부족한 아동기 아이들은 어른들이 하는 말과 행동을 여과 없이 그대로 따라 한다. 이런 점에서 아동기 아이들이야말로 사회를 비추는 가장 정직한 거울이라고 말할 수 있다. 요즘 초등학생들은 거주하는 집의 평수 등으로 위계를 구분하고 차별하는데, 낮은 위계에 속하는 아이들은 조롱과 멸시의 대상이 된다. 아버지의 월급이 낮은 친구들을 '이백충(월 소득 200만 원)'이나 '삼백충(월 소득 300만 원)'으로, 좋은 집에 살지 못하는 친구들을 '월거지(월세 사는 거지)', '전거지(전세 사는 거지)', '빌거지(빌라에 사는 거지)', '휴거(임대아파트 휴먼시아에 사는 거지)', '엘사(한국토지주택공사 임대주택에서 사는 사람)', '임거(임대아파트에 사는 거지)'라 놀리고 멸시한다.

신자유주의적 자본주의는 개인 간 경쟁이라는 점에서 집단 간 경쟁에 기초한 이전 자본주의와는 사뭇 다르다. 1990년대 초반까지만 해도 기업들은 직원들이 개인적으로 경쟁하기보다는 협력하는 것을 선호했다. 그래서 '화합, 협동, 우리는 한 가족' 등의 사훈이나 구호를 내세우며 직원들끼리 사이좋게 지내도록 독려했다. 이 때문에 평직원들 사이의 관계만큼은 상당히 양호했다. 그러나 1990년대를 거치며 신자유주의 바람에 올라탄 기업들은 성과급제, 업무평가제 등을 도입함으로써 직원들이 서로 경쟁하도록 압력을 넣기 시작했다. 그 결과 직원들의 관계는 동료에서 경쟁자로 변질해 크게 악화되었다. 1990년대 초반까지만해도 직장 동료들은 동고동락하며 가족처럼 친하게 지냈다. 그러나 1990년대 후반쯤 되자 직장인들의 교류는 자취를 감췄다. 간혹 함께 술을 마시더라도 자신의 속내를 잘 꺼내지 않게 되었다. 직장 동료는 경쟁자이자 적이 되었기 때문이다.

개인 경쟁의 일반화는 개인을 단위로 위계가 만들어질 수 있는 가능성을 열어주었다. 집단 경쟁 문화는 집단 내에서 만큼은 위계를 매기지 않게 했다. 하지만 개인 경쟁 문화는 집단은 물론이고 그 안에서도 쉽게 위계를 매기게 한다. 집단 내 위계화 현상 혹은 위계 내 불화가 심해지면 동일한 집단이나 위계에 속한 사람들조차 갈라선다.

위계 내 불화에는 풍요-불화사회에서 극대화되는 위계 상승 욕구가 큰 영향을 미친다. 돈에 의해 다층적인 위계가 만들어지면, 한두 단계 상승하려는 욕망이 한층 커진다. 돈을 조금 더 벌면 지금보다 조금 더 높은 위계로 충분히 올라설 수 있기 때문이다. 이 때문에 위계 상승 욕망은 오히려 다층적 위계 사회에서 더 심해진다.

풍요-불화사회에서 살아가는 사람들은 위계 상승을 간절히 원한다. 통속적으로 말하면 사다리에서 한 칸이라도 더 위로 올라서려고 사력을 다한다. 명목상으로 신분제가 없는 자본주의

사회는 언제라도 위계 상승이 가능한 사회다. 만일 봉건사회처럼 엄격한 신분제가 있으면, 평민들은 귀족이 되려고 헛된 힘을 쓰기보다는 그들끼리 잘 지내는 데 더 많은 관심을 돌릴 것이다. 그러나 다층적 위계 사회인 자본주의사회는 돈만 벌면 위로 올라갈 수 있는 소위 열린 위계이고, 자신보다 약간 더 높은 위계는 손에 잡힐 듯 가깝게 느껴진다. 100층의 위계 중에서 50층에 있는 사람의 경우 단번에 100층으로 올라서려는 욕망은 약하지만, 51층이나 52층으로 올라서려는 욕망은 대단히 강할 것이다. 마찬가지로 월 200만 원을 버는 사람은 재벌이 되기보다 월 300만 원을 벌기를 간절히 바랄 것이다. 따라서 사람들은 현재의 위계에 머무르면서 옆 사람과 잘 지내기보다는 더 높은 위계로 올라서는 데 관심이 있다. 결국 다층적 위계는 위계 상승 욕구를 한층 더 부추김으로써 위계 내 화목을 파괴한다.

위계 내 불화에는 자신의 위계에 만족하는 사람이 거의 없다는 것도 영향을 미친다. 위계가 낮다는 것은 각종 차별과 불이익, 심지어 학대까지 당할 위험이 커진다는 것을 의미한다. 이런 조건에서 낮은 위계를 좋아할 사람은 아무도 없다. 위계에 따라 사람의 가치가 정해지고 차별을 하는 사회에서 사람들은 자신의 위계에 만족하지 못할 뿐만 아니라 부끄러워하고 싫어한다. 자신이 낮은 위계에 속한다는 사실을 부끄러워하고 싫어하다 보면 자기혐오에 빠질 수도 있다. 나아가 자신과 같은 위계에 있는 사람을 좋아하기란 불가능하다. 자신을 사랑하는 사람만이 타인도 사랑할 수 있듯이 자신의 위계를 긍정하고 자랑스러워하는 사람만이 동일한 위계의 사람들을 사랑하고 그들과 연대할 수 있다. 자본가들한테 차별당하는 노동자가 자신이 노동자인 것을 부끄러워하고 싫어하면 그는 다른 노동자들을 사랑하지 못하고 그들과 연대하지 못한다. 반대로 자신이 노동자인 것을 긍정하고 자랑스러워하면 그는 다른 노동자들을 사랑할 수 있고 그들과 연대할 수 있다. 이와 마찬가지로 낮은 위계에 속해 있는 자신을 사랑할 수 있는 사람만이 동일한 위계의 타인들과 연대할 수 있다. 위계 상승 욕망이 강하다는 말은 곧 그가 자신의 위계를 탈출하고 싶어 한다는 말과 통한다. 자신의 위계를 부정하는 사람이 같은 위계 사람들과 불화하는 것은 필연이다.

오늘날 자본주의는 사회에 마구 칼질을 해 사람들을 다층적 위계로 썰어놓고는 동일한 위계의 사람들조차 채로 쳐 사방으로 흩어놓는다. 21세기형 불화를 특징으로 하는 풍요-불화사회 속에서 살아가는 사람들이 철저히 파편화되고 원자화되는 이유는 이 때문이다.

거주지 분리의 시대

|

사람들의 경제적 격차가 확대될수록 위계의 층은 더 촘촘해진다. 1980년대에는 중소기업 노동자든 대기업 노동자든 다 같은 직장인으로 간주했다. 그러나 오늘날에는 서로 다른 위계로 간주한다. 왜 이렇게 되었을까? 1980년대 중소기업의 임금은 대기업의 90퍼센트가 넘는 수준이었다. 대기업 노동자의 월급이 100만 원이면, 중소기업 노동자의 월급은 90만 원 이상이었다는 얘기다. 대기업이든 중소기업이든 일장일단이 있으므로, 중소기업 노동자의 위계를 대기업 노동자와 달리 평가해 무시하는 일은 없었다. 그런데 지금의 중소기업 임금은 대기업의 60퍼센트 수준이다. 대기업 노동자의 월급이 100만 원이면 중소기업 노동자의 월급은 60만 원이라는 얘기다. 40만 원이라는 차이는 대기업과 중소기업 노동자 들을 같은 선상에 놓기 어렵게 만든다. 그 결과 대기업 노동자와 중소기업 노동자 사이에 위계화가 진행된다.

… 소득격차가 정말로 아주 작아진다면 사람들은 격차를 거의 의식하지 않고 누구나가 비슷한 지위에 있는 듯 보이고 그렇게 느낄 것이다. 그러나 소득격차가 매우 크다면 그 격차를 무시할 수 없을 것이다. 장하성,《왜 분노해야 하는가》, 헤이북스, 2015.

전통적으로 단결력과 응집성이 강한 노동자들 속에서 위계화가 진행된 것은 무엇보다 소득격차가 벌어져서다. 중소기업의 평균 연봉은 삼성전자의 35퍼센트, 현대자동차의 37퍼센트 수준이고, 초대기업의 평균임금은 일반 대기업 평균임금의 약 두 배이며, 중소기업 평균임금의 약 세 배나 된다. 이렇게 임금격차가 벌어지면, 노동자라고 해서 다 같은 노동자가 아니게 된다. 즉 초대기업 노동자, 대기업 노동자, 중소기업 노동자, 영세기업 노동자 나아가 정규직 임금의 50퍼센트 정도밖에 받지 못하는 비정규직 노동자는 모두 서로 다른 위계에 위치하게 되는 것이다.

풍요-불화사회에서 노동계급이 분열하는 것은 산업이 제조업 중심에서 서비스업 중심으로 이동하면서 노동자의 구성이 바뀐 것과도 관련이 있다. 사회학자 김윤태는《불평등이 문제다》에서 "노동자들의 생활 조건이 질적으로 바뀌고 있다. 과거에 대규모 공장 근처에 모여 살던 전통적 노동자들은 이제 끊임없이 이동하는 '유목민 노동자'로 대체되었다"고 말한다. 나아가 "심지어 직업 자체와 거주지도 바꿔야 하는 유목민 노동자들은 이제 공동생활의 토대가 없다. 연봉제와 성과급이 노동자들 사이의 경쟁을 더욱 부추기며, 노동자의 집단적 정체성과 연대의식은 낡은 유물이 되었다"고 한다.

산업 노동자, 특히 제조업 노동자로 대표되는 전통적인 노동자계급이 서비스 분야의 노동자 집단으로 변화한 것이 노동자의 분열을 초래한 요인 중 하나인 것은 분명하다. 그러나 유목민 노동자가 늘어난다고 해도 노동자의 임금격차가 별로 크지 않다면 노동자계급 내 위계는 형성되지 않았을 것이고, 동일한 위계 내의 노동자들이 분열하고 불화하는 일도 없었을 것이다. 따라서 노동자계급 불화의 가장 큰 원인은 임금격차의 확대와 성과급과 같은 개인 경쟁 시스템 때문이라고 보는 것이 합당하다.

한국에서는 평범한 사람들뿐 아니라 부자들도 소득격차가 크다. 이와 관련해 경제학자 장하성은 《왜 분노해야 하는가》에서 "똑같은 순자산 1분위 계층에 속하지만 소득 최상위 20퍼센트(소득 5분위) 계층에 속하는 가구들의 평균 연소득은 1억 714만 원이다. 같은 순자산 1분위 계층에 속하는 가구들 사이에서도 소득격차가 매우 큰 것"이라고 말했다.

부자든 빈곤층이든 간에 소득격차가 벌어지면 위계화가 촉진되는 것은 필연이다. 일반적으로 부자들은 개개인이 치열한 경쟁을 하면서 돈을 모은 사람들이라서 개인적이고 경쟁적이다. 그들은 노동자들과는 달리 단합과 거리가 먼 계급에 속하는데, 여기에 소득격차까지 크다면 그들 내에서도 다층적 위계화가 진행될 수밖에 없다.

과거 한국에서는 부자와 빈민층이 같은 마을에 어울려 살아가는 일이 흔했다. 한 마을 안에 부잣집이 한둘 있고, 나머지는 고만고만한 가난한 집들이 섞여 있었다. 나이가 든 사람들 중에는 어린 시절에 부잣집 친구를 사귀고 그 집에 놀러 갔다가 문화충격을 받았던 경험을 얘기하는 이들이 적지 않다. 이것은 과거의 한국에서는 부자와 가난한 이들이 그다지 불편함 없이 같은 마을에서 얼굴을 맞대고 살았음을 의미한다. 그러나 이제 부자들은 더 이상 가난한 이들과 같이 살려 하지 않고, 강남 같은 특별한 지역에 모여들어 그들끼리만 살고 있다. 이렇게 부자와 가난한 사람들의 거주지가 분리되는 것을 거주지 분리 혹은 거주지 격리 현상이라고 한다. 거주지 분리 현상이 발생하면 부자와 일반인들의 심리적 간격은 더욱 멀어진다. 거주지 분리는 문화적, 사회적, 심리적, 물질적 차이를 유발하고 다른 사회집단에 대한 편견을 강화하는데, 그것이 다시 서로의 거리를 더 멀어지게 한다.

거주지가 위계에 따라 분리되지 않는다 하더라도 위계 집단 간의 소통과 교제가 뜸해지면 상이한 현실 인식이나 문화 등이 발생해 서로에 대한 고정관념이나 편견을 강화할 수 있다. 일반적으로 동일한 위계는 친밀감, 동질감, 연대감 등을 불러일으키지만, 다른 위계는 위화감, 거리감, 배타성 등을 불러일으킨다.

무엇이 학대자인 동시에 피학대자를 만드는가

경제적 격차는 위계화뿐만 아니라 학대-피학대 관계로도 변질된다. 불평등한 위계는 학대를 유발하는 가장 큰 원인이다. 풍요-불화사회에서는 높은 위계 사람이 낮은 위계 사람을 학대하는 현상이 일반화되어 사회가 학대-피학대 관계로 얽힌다. 사회와 가정에서 학대-피학대 관계가 반복되면서 대부분이 학대자인 동시에 피학대자가 되는 것이다. 물론 현대 자본주의사회에서의 학대는 과거처럼 노골적이지 않은 은폐되고 교묘한 학대이다. 자본주의 나라들은 공식적으로 자유와 인권을 지지한다고 표방하기 때문에 과거처럼 귀족이 평민들을 함부로 학대하는 일이 불가능해졌다. 그 결과 오늘날에는 노골적인 폭력이나 학대는 자취를 감추고, 자기과시나 무시, 경멸, 비웃음과 조롱 따위로 우월감을 드러내며 상대방을 학대하는 기법이 고도로 발달했다.

정부는 수년 전까지만 해도 심각했던 학교폭력을 근절하고 예방하기 위해 학교마다 '학폭위(학교폭력위원회)'를 설치하고 교문 앞에 경찰을 상주시키는 등 처벌을 강화했다. 그 결과 공공연한 학교폭력은 상당히 감소했다. 하지만 학교폭력은 투명인간 취급하기, SNS 등을 활용한 왕따 등으로 변질되었을 뿐 큰 폭으로 감소했다고 말하기 어렵다. 폭력이나 학대의 진정한 근원이 청산되지 않는 조건에서 공공연한 학대를 금지하거나 처벌하면, 학대는 감정적 학대로 진화한다. 감정적 학대 역시 엄연한 학대이다. 감정적 학대라고 해서 피해자가 덜 고통스러운 것이 아니다. 오히려 더 고통스러울 수도 있다. 결국 과거의 학대는 주로 계급을 매개로 한 노골적이고 공공연한 학대였다면, 오늘날의 학대는 위계를 매개로 한 은밀한 학대라고 말할 수 있다.

다층적 위계화가 왜 학대로 이어지는 것일까? 그 이유는 우선 우월주의, 차별주의, 편견 등을 강화하기 때문이다. 큰 경제적 격차는 고소득자들의 마음을 불편하게 한다. 소득이 낮은 자에 대한 미안함이든 그가 자신을 미워할까 두려워하는 것이든 간에 고소득자는 불편한 마음을 방어하기 위해 자신의 심리를 조작한다. 리처드 윌킨슨과 케이트 피킷의 《불평등 트라우마》에 따르면 "상류층 사람들은 대개 자신이 '적절한 재능'을 충분히 타고났기에 출세할 수 있었다고 믿는 경우가 많은 반면, 하류층 사람들은 자신이 능력 부족으로 낮은 지위에 있다고 생각한다." 그렇기 때문에 소득격차는 어쩔 수 없는 당연한 것이라는 합리화를 하는 것이다. 능력주의가 널리 퍼진 자본주의사회는 이런 합리화를 부추긴다.

이런 우월주의로 인한 합리화는 상대방을 열등하게 바라보는 편견과 차별 등을 유발한다. 부자들의 우월주의, 차별주의, 편견 등은 그들끼리의 교제로 더욱 강화된다. 높은 위계의 부자들이 낮은 위계의 사람을 학대하면 그다음부터는 학대의 도미노 현상이 발생한다.

두 번째로 다층적 위계화가 학대로 이어지는 이유는 저소득자의 자기혐오 심리를 강화하기 때문이다. 격차가 벌어지면 가난한 사람은 지나친 소득격차를 부당하다고 느끼면서 고소득자를 증오하거나 사회를 원망할지도 모른다. 하지만 아무 소용이 없다는 것을 곧 깨닫는다. 능력주의는 '네가 못나서 그런 걸 왜 세상 탓을 하냐?'고 억박지른다. 그 결과 분노의 화살은 스스로에게 돌아가 자기혐오를 넘어서 같은 위계 사람들도 혐오하게 된다. 자기를 혐오하여 학대에 저항하기보다는 그것을 당연시하는 사회에서 낮은 위계의 사람들이 학대받는 것은 시간문제다.

21세기형 불화사회에서 자신의 위계를 혐오하는 것은 곧 패자혐오이자 자기혐오 심리이다. 다층적 위계 사회에서는 모두 승자인 동시에 패자일 수밖에 없다. 자신보다 높은 위계의 사람들은 승자이고 자신은 패자이지만, 그와 동시에 자신보다 낮은 위계의 사람들은 패자이고 자신은 승자이다. 그렇지만 일반적으로 사람들은 자신이 승자라는 사실에는 둔감하지만 패자라는 사실에는 대단히 민감하므로 대부분은 스스로를 패자로 간주한다. 다층적 위계 사회에서 살아가는 다수가 패자혐오와 자기혐오에 사로잡히는 이유다. 제임스 볼드윈은 《십자가 아래에서》에서 "이 나라에서 니그로(Negro)들은 그들이 세상에 눈을 뜨는 바로 그 순간부터 스스로를 정말 경멸하도록 배운다"라고 말했다. 오늘날 한국에서는 아이들이 초등학교에 들어가는 순간부터 위계에 눈을 뜨고 그 결과 스스로를 혐오하게 되는 끔찍한 일이 벌어지고 있다. 패자혐오자는 다른 패자들을 사랑하지 못한다. 자기혐오자 역시 타인들을 사랑하지 못한다. 패자혐오와 자기혐오가 심해지면 연대의식과 공동체의식은 자취를 감추게 된다.

일부 학자들은 낮은 위계의 사람들이 자기 탓을 하는 것을 '기본적 귀인오류(fundamental attribution error)'라 설명하기도 한다. 기본적 귀인오류란 환경이 아닌 사람 탓을 하는 경향이다. 예를 들어 누군가가 가난하다면 대부분의 사람들은 환경이나 사회가 문제라기보다는 그가 노력을 하지 않아서라고 생각한다는 것이다.

자본주의사회에서 살아가는 사람들에게 기본적 귀인오류가 일반적이라는 점은 의심할 이유가 없지만, 그것을 사람의 타고난 인식 성향으로 간주해서는 안 된다. 그보다는 자본주의사회에서 살아가는 사람들이 기본적으로 개인주의적 사고방식을 가지고 있고, 능력주의나 자기계발처럼 모든 것을 개인 탓으로 돌리는 이데올로기 공세에 지속적으로 노출된 것에서 비롯된 문제로 봐야 할 것이다. 결국 고소득자는 뛰어난 사람이고, 저소득자는 능력이 없다고 간주하는 능력주의가 대부분의 사람들에게 자기 탓을 하게 하는 것이다.

자기혐오가 심해지면 학대를 당해도 좀처럼 저항하지 못한다. '나 같은 놈은 당해도 싸'라고 생각하는 사람이 저항을 할 수 있겠는가. 또한 타인을 학대하는 경향도 심해진다. 자기혐오자는 위쪽이 아닌 옆이나 아래쪽을 향해 거칠게 분노를 표출한다. 그 결과 학대의 도미노 현상이 발생한다.

'학대의 불꽃'을 만드는 사회적 신호들

우월의식에 젖은 높은 위계의 사람들은 낮은 위계의 사람을 대할 때 목에 힘을 주며 내려다본다. 반면 열등의식에 사로잡힌 낮은 위계의 사람들은 높은 위계의 사람을 대할 때 주눅이 들고 위축되어 조심스레 올려다본다. 이런 상반된 태도는 서로에게 사회적 신호가 되어 상대방의 반응을 특정한 방향으로 유도할 수 있다.

과거 온라인상에서 빌 게이츠가 김대중 전 대통령과 악수하는 사진과 박근혜 전 대통령과 악수하는 사진을 비교해 화제가 된 적이 있다. 빌 게이츠는 김대중 전 대통령과 악수할 때에는 공손하게 허리를 숙이고 두 손을 모아 예의 바르게 했다. 반면 박근혜 전 대통령과 악수를 할 때에는 허리를 꼿꼿이 세우고 한 손을 주머니에 찌른 채 악수를 했다. 왜 빌 게이츠는 이런 차별적인 행동을 했을까?

　사람들 사이의 상호작용이란 일방적이지 않고 쌍방이다. 물론 어느 한 쪽이 다른 쪽에게 더 큰 영향을 미치는 경우가 많기는 하다. 그럼에도 불구하고 어느 일방이 상호작용 전체를 좌지우지하는 경우는 거의 없으며, 특히 교류가 막 시작된 시점이나 초반에는 더욱 그러하다. 김대중 전 대통령의 당당한 눈빛이나 몸가짐과 같은 비언어적 신호들이 중요한 사회적 신호로 작용해 빌 게이츠는 공손하고 예의 바르게 행동했을 것이다. 박근혜 전 대통령은 돈을 부지런히 좇았고, 미국에 대한 사대주의가 뼛속까지 배어 있는 전형적인 기득권층이다. 그러니 세계적인 거부이자 미국인인 빌 게이츠를 만났을 때 본인도 모르게 저자세를 취했을 테고, 그런 신호를 포착한 빌 게이츠는 긴장이 풀려 거만한 자세로 악수했을 것이다.

　이처럼 말을 하지 않더라도 사람의 심리는 눈빛이나 표정, 몸짓 등으로 드러나고, 상대방은 이런 비언어적 신호들에 기초해 반응을 하게 된다. 만일 직장 상사가 인사권을 가지고 있다면, 부하 직원은 두려운 마음으로 직장 상사를 대할 것이다. 이런 부하 직원의 심리는 사회적 신호로 발산되기 마련인데, 직장 상사에게는 이것이 학대 혹은 갑질을 해도 무방하다는 신호나 마찬가지일 수 있다. 위계 사회에서 높은 위계의 사람은 낮은 위계의 사람에게 '나는 돈과 권력이 있어. 빽도 있고'라는 신호를 보내는 반면 낮은 위계의 사람은 '나는 당신이 어렵다. 위압감이 든다'는 신호를 보내는 경우가 많다. 높은 위계의 사람들은 이런 사회적 신호들만으로도 낮은 위계의 사람들을 학대할 수 있고, 그 과정에서 관계는 곧장 학대-피학대 관계로 변할 것이다.

갑질 심리는 도미노처럼 번진다

감정은 반드시 행동화(Acting Out)로 해소되어야 한다. 슬프면 울고, 웃기면 웃고, 기쁘면 박수를 치고, 화가 나면 고함을 치는 등 감정을 표현하는 행동을 해야 한다. 감정이 적절히 해소되지 않으면 고통스럽다. 학대당한 사람이 부정적 감정을 제대로 해소하지 못하면 그 감정을 엉뚱한 대상에게 해소하기 쉽다. 종로에서 뺨 맞고 한강에 주먹질하는 식으로 애꿎은 약자에게 분풀이를 하는 것이다. 사람들은 학대당한 이가 분풀이를 하는 방식으로 행동하는 경우가 흔하다는 것을 잘 알고 있기 때문에 과장이 사장한테 엄청 깨지고 나오면 부하 직원들은 과장한테 빌미를 잡히지 않으려고 잔뜩 긴장한다.

분풀이 대상에는 동일한 위계의 사람들도 포함된다. 동일한 위계의 사람들과도 사이가 좋지 않아서다. 그 결과 아래 위계는 물론이고 동일한 위치에 있는 사람들에게도 수평적 학대 혹은 폭력이 발생한다. 한 미국 흑인의 발언은 윗사람에게 학대당한 사람이 수평적 학대를 하게 되는 심리를 잘 묘사하고 있다.

그들은 자신을 쪽팔리게 만들었다고 다른 흑인들을 죽일 수 있다. 그들은 백인에게는 손도 대지 못하겠지만, 조금이라도 자신을 얕본다고 느끼면 같은 형제인 흑인들을 죽일 수 있다. … 대부분의 흑인은 백인들에게 대항하는 것이 같은 흑인들에게 대드는 것보다 훨씬 어렵다는 것을 알고 있다. 마치 흑인들은 이렇게 말하는 것 같았다. "백인들이 나를 쪽팔리게 하는 건 어쩔 수 없지만, 흑인들이 그러는 건 막을 수 있다고." 리처드 윌킨슨,《평등해야 건강하다》, 후마니타스, 2008.

학대를 빈번하게 혹은 일상적으로 당하다 보면 분풀이에 그치지 않고 그것이 특정한 심리로 굳어져 권위주의적 성향을 갖게 될 수 있다. 반복적으로 학대를 당하는 피해자는 무력해지고 정신이 황폐화된다. 그럴수록 사람은 힘을 갈망하게 된다. 목이 마른 사람이 물을 더 애타게 찾듯이 힘이 없는 사람은 힘을 갈망하게 되는 것이다. 이 과도한 갈망은 힘을 중심으로 사고하는 심리로 이어진다. 그 결과 무력감의 포로가 된 사람은 힘을 기준으로 세상만사를 흑과 백으로 갈라 보는 전형적인 흑백논리를 갖는다. 즉 그는 세상 사람들을 힘이 센 사람과 약한 사람으로 단순

명쾌하게 구분한다.

무력한 사람은 힘이 센 사람에게 굴종적 태도를 취할 뿐만 아니라 찬양하고 숭배한다. 그럼으로써 그의 힘을 자신이 공유한다는 착각에 빠지기도 하고 그로부터 힘을 받을 수 있다고 믿는다. 반면 약한 사람에게는 경멸하고 학대하려는 충동에 사로잡힌다. 무력한 자신을 떠올리게 하는 위험한 존재이기 때문이다. 또한 자신의 힘을 확인하기 위해서다.

인간이 가진 힘 중에서 가장 강력한 힘은 사람을 죽일 수 있는 힘이다. 과거에 전제군주들이 가지고 있었던 힘은 사형을 명령할 수 있는 것이었다. 사람을 죽이는 힘 다음으로 강력한 힘은 사람을 학대하는 힘이다. 피해자가 별다른 저항을 하지 못하면 상대는 자신이 엄청난 힘을 가진 존재라고 착각한다.

강자에게는 한없이 굴종하면서 약자를 학대하는 심리는, 두목한테는 연신 머리를 조아리면서 부하들에게는 수시로 손찌검을 해대는 조폭심리와 유사하다. 강자에게는 약하고, 약자에게는 강한 이런 심리를 심리학에서는 권위주의적 성향이라고 부른다.

철학자 아도르노는 권위주의적 성향을 '자전거 타기 반응'이라고 말하기도 했다. 경주용 자전거를 탈 때 상체를 숙인 채 페달을 밟는 모습이 권위 앞에 고개를 숙이고 약자를 학대하는 모습과 유사하다고 해서 붙여진 이름이다. 조폭 심리, 권위주의적 성향이 아예 성격으로 공고하게 굳어진 것을 권위주의적 성격이라고 한다.

21세기형 불화사회에서 살아가는 사람들은 대부분 권위주의적 성향을 가지고 있다. 자신보다 높은 위계의 사람들에게는 학대를 당하지만 자신보다 낮은 위계의 사람들을 학대하면서 살아간다. 모두가 학대자인 동시에 피학대자인 것이다. 또한 동일한 위계 내에서도 분열되다 보니 수평적 학대까지 주고받으면서 살아간다. 권위주의적 성향이 확산되고 권위주의적 성격자들이 점점 증가하면서 학대-피학대 현상은 더욱 심각해진다. 무력감은 학대 경험에서 비롯한다는 점을 고려하면 사실 권위주의적 성격이란 전형적인 피학대 심리 중 하나를 개념화한 것이라고 해야 할 것이다.

위계에 기초하는 인간관계, 즉 불평등한 인간관계는 한국 사회에 만연해 있는 '갑질 문화'의 원인이다. '갑질'이란 불평등한 위계 관계를 악용해 상대방을 학대하는 것이다. 평등한 관계에서는 갑질이 발생할 수 없다. 갑질은 학대의 한 표현이므로 한국 사회에 갑질 문화가 널리 퍼져 있다는 것은 학대-피학대 관계가 만연해 있다는 말과 통한다.

최근 실시한 조사에서 '한국의 갑질 문화를 어떻게 생각하느냐'는 질문에 무려 응답자의 96퍼센트가 심각하다고 답변했다. 또한 갑질의 경험을 묻는 질문에 '전혀 경험이 없다'고 답한 응답자는 10퍼센트에 그쳤다. 갑질은 곧 학대이니 갑질을 당하는 사람은 삶의 만족도가 낮을 수밖에 없다. 갑질 피해를 경험하지 않은 집단이 자기 삶에 만족하는 비율은 61퍼센트였고, 한두 번 경험하는 데 그친 집단은 53퍼센트였지만, 갑질을 '매우 자주 당했다'거나 '가끔 당하고 있다'고 답한 집단의 경우는 30퍼센트 대에 불과했다.

갑질을 당한 사람은 분풀이 대상이 필요하고, 갑질을 자주 당한 사람은 권위주의적 성향이 심해질 수 있다. 이것은 갑질을 당한 사람이 갑질을 할 가능성이 높고, 많이 경험한 사람일수록 그 정도가 심할 수 있음을 의미한다. 위 조사는 이런 추론이 옳다는 것을 보여준다. 갑질의 피해를 '자주' 또는 '가끔' 받은 경험이 있는 집단은 '자신이 갑질을 해야 할 상황이 있었냐'는 질문에 57퍼센트가 그렇다고 대답했다. 반면 갑질 피해 경험이 '한두 번'에 그친 집단은 44퍼센트가 그렇다고 대답했다.

코로나19 시대의 '정의'

풍요-불화사회의 불화는 가난-불화사회의 계급 간 불화와는 체급을 달리하는 21세기형 불화다. 21세기형 불화는 다층적 위계화에 기초하는 위계 간 불화에 위계 내 불화까지 합쳐진 인류역사상 최악의 불화라고 할 수 있다. 이런 불화 속에서 제정신으로 살아갈 수 있는 사람, 행복할 수 있는 사람이 과연 얼마나 될까?

21세기에 들어와서 한국인들이 정의와 공정에 큰 관심을 보이는 이유는 심각한 불평등, 즉 부정의가 온갖 사회악을 낳는 진원지임을 깨닫기 시작한 것과 관련이 있다. 한국종합사회조사(2009년)에 의하면 '한국은 소득 차이가 너무 크다'는 질문에 응답자의 90.2퍼센트가 동의하고 있다. 이런 조사 결과는 한국인들 사이에서 불평등 문제가 심각하다는 인식이 널리 확산되어 있음을 보여준다.

불평등이 가장 큰 문제라는 인식은 오랜 세월 동안 한국인들의 정신을 지배해온 경제성장 우선주의의 벽까지 허물고 있다. 2016년 말 한 보수신문이 여론조사기관과 공동으로 실시한 조사에서 '우리나라가 앞으로 어떤 나라가 되기를 원하는가'라는 질문에 82.7퍼센트가 '평등한 나라'라고 대답한 반면, 단 14.7퍼센트만이 '빈부격차가 커지더라도 고도성장을 원한다'라고 대답했다.

21세기에 들어와 한국인들이 평등을 시대적 요구로 내세운다는 것은 실제 행동에서도 표현되고 있다. 대통령을 권좌에서 끌어내렸을 정도로 위력적이었던 2016년의 촛불항쟁은 한국을 불평등한 세상으로 만든 부정의와 불공정에 대한 분노에서 촉발되었다. 당시 촛불항쟁의 도화선이 된 것 중 하나는 최순실의 딸 정유라가 페이스북에 남긴 글이었다. "능력 없으면 네 부모를 원망해. 있는 부모 가지고 감 놔라 배 놔라 하지 말고. 돈도 실력이야. 불만이면 종목을 갈아타야지, 남 욕하기 바쁘니 아무리 다른 거 한들 어디 성공하겠니?"

최유라의 글은 한국이 부정의하고 불공정한 사회로 전락하는 것을 막아내지는 못했지만, 그런 사회를 더 이상 용인하지 않겠다고 결심한 국민들의 마음에 불을 질렀다.

정의와 공정은 비단 한국만이 아니라 세계적인 화두이기도 하다. 21세기에 들어서면서부터 세계인들은 곳곳에서 부정의한 사회를 개혁하기 위해 싸우기 시작했다. 그 대표적인 예가 미국에서 2012년에 발발했던 〈월스트리트를 점령하라〉 운동이다.

금융 위기가 발생하자, 경제 시스템이 비효율적이고 위태로울 뿐 아니라 근본적으로 공정치 못하다는 대중적 인식이 나타났다. 금융 위기가 발생한 뒤 실시된 여론조사를 보면, 거의 절반에 가까운 미국인이 경제 시스템이 공정치 못하다고 생각하는 것으로 나타났다. 조지프 스티글리츠,《불평등의 대가》, 열린책들, 2013.

한국인을 비롯한 세계 인류가 불평등 문제에 주목하게 된 것은 풍요-불화사회의 끔찍함을 온 몸으로 체험해왔기 때문이다. 20세기가 저물기 전까지 자본주의 나라의 지배층은 국민들에게 낙수효과를 들먹이면서 경제성장을 우선시하는 정책을 일관되게 추진했다. 낙수효과란 대기업이 성장하면 중소기업이 성장하고, 새로운 일자리가 창출되어 모두에게 혜택이 돌아간다는 이론이다. 지배층은 평등한 분배를 요구하는 국민들에게 "파이의 크기가 작은데, 골고루 나누면 다 죽는다. 그러니 일단 파이의 전체 크기부터 키운 다음에 나눠 가지자"라고 말하면서 부를 자본가들에게 몰아주었고 불평등을 합리화했다. 그러나 "최근 몇 년간 미국이 경험한 것은 낙수경제이론과 상반되는 것이었다. 즉 "상위계층에게 돌아가는 부는 하위계층을 '희생'시킨 데서 나온 것이다"라는 경제학자 조지프 스티글리츠의 말처럼, 낙수효과는 새빨간 거짓말이었음이 드러났다. 자본가들은 파이의 크기를 키우지 못하거나 키우는 데 약간 성공한 경우에도 과거보다 훨씬 더 많은 양의 파이를 독차지했다. 그 결과 경제성장은 둔화되었고 불평등만 심각해졌다.

20세기 후반부터 급격하게 심화된 불평등은 21세기형 불화를 낳았고, 인류는 끔찍한 고통에 시달리게 되었다. 이러한 고통을 통해 오늘날의 인류는 '풍요'가 아니라 '화목'이 더 중요하다는 인식으로 나아가고 있다. 불평등한 사회는 부정의한 사회이고, 평등한 사회는 정의로운 사회이다. 그리고 평등하고 정의로운 사회는 화목한 사회의 필수조건이다. 21세기에 정의와 공정이 시대적 요구가 된 만큼 그것은 궁극적으로 화목한 사회, 이상사회로 인류를 이끌어갈 것이다.

    2020년, 전 세계를 강타한 코로나바이러스감염증-19(이하 코로나19)는 정의와 공정의 중요성을 더욱 부각시켰다. 현재까지 한국은 코로나19에 비교적 잘 대처한 반면, 미국은 속수무책으로 무너지고 있다. 많은 이가 지적했듯이, 한국과 미국의 차이는 기본적으로 의료서비스의 평등 수준이 다른 것에서 비롯되었다. 한국의 의료시스템은 전 국민에게 비교적 평등한 서비스를 제공한다. 반면 미국의 의료시스템은 부유한 사람들에게만 유리한 불평등하고 부정의한 시스템이다. 미국인들 중에서 약 5천만 명이 무보험자이고, 미국의 의료비는 살인적인 수준으로 높아서 맹장염 수술에만 한화로 2천여만 원이 들어간다. 미국의 의료비가 이렇게 높은 것은 보험회사들과 제약산업계가 부당한 이익을 추구해서다. 어떤 이들은 미국이 의료비에 돈을 쓰지 않아서 의료시스템이 낙후되었다고 말하기도 하는데 사실이 아니다. 미국은 소위 선진국들 중에서도 의료비 지출 수준이 대단히 높은 나라이다. 미국 국립과학원 자료에 의하면 미국인들의 건강은 16개 '동류 국가들' 중에서 거의 꼴찌 수준이지만, 미국의 의료비 지출은 이들 국가들보다 훨씬 더 많았다. 사실 의료비 지출이 많은 만큼 미국의 의료서비스 수준은 세계 최고 수준이라고 할 수 있다. 하지만 문제는 국가가 지출하는 의료비가 전체 국민에게 공정하게 분배되지 않고 제약 회사와 의료기기 제조회사와 의료보험 회사 등이 그것을 독차지한다는 데 있다.

국민 복지에 필수적인 의료서비스를 국가가 아닌 민간에서 담당하는 미국은 감염병과 같은 재난 상황에 효율적으로 대처할 수 없다. 코로나19 사태 초기에 미국인들은 비싼 검사비 때문에 검사를 기피했고, 그 결과 바이러스가 빠른 속도로 확산되었다. 과거 에볼라바이러스 감염 사태가 발생했을 때 미국에서는 '민간 재원으로 민간이 제공하는 의료시스템을 이념적으로 수용하면서 의료 불평등을 완화하기 위한 해법을 충분히 시행하지 않은 탓에 큰 대가를 치르고 있다'는 자성의 목소리가 울려 나왔다. 그러나 미국은 에볼라바이러스 감염 사태 이후에도 여전히 부정의한 의료시스템을 개혁하지 않았고, 그 대가를 오늘날 혹독하게 치르고 있다.

코로나19 사태는 파이를 극소수가 독차지하는 시스템보다 모두에게 파이가 골고루 분배되는 시스템이 재난에 더 효율적으로 대처할 수 있고 지속가능하다는 것을 뚜렷이 보여주고 있다. 스티글리츠는 《거대한 불평등》에서 "지금 미국과 전 세계는 시장의 힘에 지나치게 의존하면서 평등과 사회 정의라는 원대한 가치를 경시해온 대가를 톡톡히 치르고 있다"고 한탄했다. 코로나19 사태를 겪으면서 21세기 인류는 정의와 공정의 중요성을 더욱 자각하고 그것을 쟁취하기 위해 일어서고 있다.

2장

불안의 시대

참으로 슬픈 말이지만, 오늘날 한국인의 삶이란 학대를 피해 미친 듯이 위계의 사다리를 올라가는 과정이라고 해도 무방하다. 그러나 상대적 빈곤 시대에 위계의 사다리는 끝이 없어서, 그 몸부림은 끝없는 투쟁이 된다.

풍요-불화사회에서 살아가는 사람들은 불안하다. 풍요-불화사회는 인류 역사상 가장 불안한 사회이다. 그다음으로 불안한 사회는 가난-불화사회이고, 그다음이 가난-화목사회이다. 가장 덜 불안한 사회, 사람들이 불안에서 해방될 수 있는 사회는 풍요-화목사회이다. 어떤 이들은 가난-불화사회보다 풍요-불화사회가 더 불안한 사회라는 말에 동의하기 힘들 수 있다. 그러나 앞에서 살펴보았듯이, 가난-불화사회에서의 불화는 계급적 불화로 계급 내에서는 비교적 화목했던 반면 풍요-불화사회에서의 불화는 다층적인 위계 간 불화에 위계 내 불화까지 겹쳐진 것이다. 따라서 풍요-불화사회의 불안 수준은 그 어떤 사회보다도 높을 수밖에 없다.

불안이란?

I

불안은 공포와 질이 같은 감정이다. 공포는 사람의 존재 혹은 존엄을 위협하거나 손상을 주는 대상을 접했을 때 체험하는 감정이다. 예를 들면 코로나19는 사람의 존재를 위협하고, 갑질을 하는 직장 상사는 사람의 존엄을 위협하므로 그런 대상을 접할 때 사람들은 공포를 체험한다. 공포는 사람들로 하여금 초조와 불안을 강하게 느끼게 하고 몸과 마음을 긴장시킨다. 그 결과

주위의 사소한 변화에도 그것을 민감하고 예민하게 받아들이게 하고 강하게 반응하게 한다. 예를 들면 코로나19 바이러스에 감염될까 봐 문 손잡이 하나하나에 신경을 곤두세우거나 무시당할까 봐 상대방의 사소한 농담에도 화를 벌컥 내는 것 등이다. 공포는 사람들의 심리와 행동에 대한 이성적 통제력을 약화시키고 심한 경우 마비시키기도 한다. 공포영화에는 함께 모여 있어야 생존확률이 높음에도 '괴물이 어디 있는지 흩어져서 찾아보자'와 같은 어리석은 결정을 내리는 장면이나, 겁에 질려 완전히 자제력을 상실하고 비명만 질러대거나 그 자리에서 꼼짝 못하고 있는 장면들이 자주 나온다. 이것은 공포가 사람을 지배할 수 있는 강력한 감정임을 잘 보여준다.

불안은 만성화된 공포 혹은 예기 공포라고 할 수 있다. 공포는 위험한 대상이나 사건을 접할 때 강한 강도로 짧게 체험된다. 비행기를 타고 가는데 갑자기 기체가 심하게 흔들리는 순간에 체험하는 강렬한 감정이 공포다. 공포는 지속 기간이 짧아 비행기가 안정되면 금방 가라앉는다. 하지만 이 일을 겪고 난 후부터 비행기를 타기 위해 공항에 들어서면 긴장하는데, 이런 감정이 불안이다. 불안은 비명을 지르게 만들 정도로 강도가 강하지는 않다. 하지만 출발지 공항에 들어서면서부터 목적지 공항을 벗어날 때까지 지속될 정도로 기간이 길다. 이런 이유로 심리학자들은 불안을 만성화된 공포 혹은 예기 공포라고 부른다. 권투에 비유하자면, 공포가 강력한 훅이나 어퍼컷 한 방이라면 불안은 계속해서 얼굴에 꽂히는 잽이라고 할 수 있다.

공장 폐쇄에 관한 연구들에 의하면 노동자들이 대체로 건강이 악화되는 시점은 실직했을 때가 아니라 해고통보를 받았을 때부터다. 이런 결과는 사람에게 당장 실제적인 위협이 아니더라도 공포스러운 미래 상황을 예견하면 불안해지고 그 결과 건강까지 악화된다는 것을 시사해준다. 이런 식으로 불안은 경험과 미래를 예견하는 것에 의해서 발생하는 만성화된 공포 혹은 예기 공포이다. 불안에 대한 정의를 살펴본 이유는, 풍요와 화목에 따른 네 가지 사회마다 어떤 불안이 가장 두드러지며, 사회 구성원에게 어떻게 영향을 미치는지 알기 위함이다.

밑바닥으로 추락할 것 같다는 불안감
|

가난한 사회의 전형적인 불안은 생존 불안, 정확히 말하자면 육체적 생존 불안이다. 말 그대로 육체적 생존이 위협당하는 것과 관련된 불안이다. 식량난이 심각해 굶주림에 시달리거나 전쟁으로 숱한 사람들이 죽어나간다면 생존 불안이 생길 수밖에 없을 것이다. 가난-불화사회와 가난-화목사회는 모두 동일한 수준으로 생존 불안이 심각할 거라고 생각할 수 있는데, 두 사회는

불안 수준에서 현격한 차이가 있다. 고립과 불안은 대단히 밀접한 관계에 있기 때문이다. 배가 난파되어 무인도에 여러 명이 고립된 경우를 가정해보자. 만약 난파된 사람들의 관계가 아주 좋다면 불안 수준은 크게 낮아진다. 섬에 먹을 것이 풍족하다면 이들은 불안은커녕 아주 즐겁게 지낼 수도 있다. 반대로 사람들의 관계가 좋지 않다면 불안 수준은 크게 높아질 것이다. 홀로 무인도에서의 생존을 책임져야 하는 데다 타인의 공격까지도 걱정해야 하기 때문이다. 외적인 요인에 의해 생존이 위협받아도 사람들이 화목할수록 불안은 줄어들고, 사람들이 불화할수록 불안은 커진다. 따라서 가난-화목사회의 불안 수준은 가난-불화사회보다 크게 낮을 수밖에 없다. 과거 한국의 농촌 공동체들의 불안 수준이 높지 않았다는 사실을 떠올려보라.

생존 불안과 관련해 한 가지 언급하고 싶은 것은 사람들이 두려워하는 것은 육체적 죽음 그 자체가 아니라는 것이다. 두려움의 대상은 죽을 때 경험하는 고통이다. 예를 들어 목을 매 자살하려는 사람들이 두려워하는 것은 죽음 그 자체보다 줄이 목을 조일 때의 고통이다. 또한 사람들이 두려워하는 것은 궁극적으로 사회적 죽음이다. 인간은 사회적으로 설 자리를 잃었다고 생각할 때, 사회생활이 불가능할 정도로 건강이 악화될 때 (극단적인 경우엔) 자살을 떠올리기도 한다. 즉, 육체적 생존과 사회적 생존은 분리해 인식할 수 없을 정도로 밀접한 관련이 있다. 이런 점에서 육체적 생존의 위협은 본질적으로 사회적 생존에 대한 극단적이고 즉각적인 위협을 의미한다고 말할 수 있다. 생존 불안이 본질적으로 사회적 생명의 극단적 위협과 관련이 있다면, 당연히 풍요-불화사회도 생존 불안이 심각할 것이다. 다만 풍요-불화사회에서의 생존 불안은 그 양상이 가난한 사회와는 다소 다르다. 예를 들면 가난한 사회에서 살아가는 사람들은 식량을 구할 수 없는 단계가 되었을 때 생존 불안을 체험하지만, 풍요-불화사회 속 사람들은 전기료나 수도료를 내지 못할 때부터 그 불안을 체험한다. 육체적 생존이 아니라 정상적인 사회생활을 방해하는 사회적 생존의 위협에 민감한 것이다. 즉, 풍요-불화사회에서는 사회생활을 하게 하는 기본 인프라(최저 생계비 등)의 위협을 받을 때 최저선의 생활이 위태로워진다고 생각해 생존 불안에 시달리게 된다.

일반적으로 풍요-불화사회는 사회안전망이 취약한 사회다. 이것은 사회 밑바닥으로 추락하는 사람들을 구제해주는 안전장치가 부실하다는 것을 의미한다. 그래서 풍요-불화사회에서 살아가는 사람들은 혹시라도 자신들이 밑바닥으로 추락해 생존이 불가능해질까 두려워한다. 이것 역시 풍요-불화사회가 생존 불안에서 자유롭지 못하다는 것을 의미한다.

풍요-불화사회에서의 대표적인 생존 위협은 산재이다. 산재는 무엇보다 육체적 죽음과 관련된 불안을 유발한다. 한국에서는 산업재해로 1년에 무려 1,400명이나 사망한다. 하루에 4명 꼴이 산재로 사망하는 한국은 그야말로 '산재 왕국'이다. 《대한민국 건강불평등 보고서》에 따르면 2001년부터 2010년까지 1만 4,344명이 산재로 사망했고, 2010년에만 1,383명이나 사망했다. 최근에는 청년들이 산재로 연달아 사망하면서 비판 여론이 형성되고 있지만, 한국 사회는 여전히 산재를 근절하기 위한 적극적인 조치를 취하지 않고 있다. 김명희 시민건강증진연구소 상임연구원은 "산업재해는 우발적인 사고가 아니라, 기업이 충분히 예방할 수 있다는 점에서 '기업살인'에 가깝다. 영국 같은 선진국에서 '기업살인법'을 제정해 기업에 강력한 규제를 가하는 것처럼 우리 정부도 산업재해 사업장에 대한 제재 수위를 대폭 높여야 한다"고 주장했다. 그러나 기업살인법은 아직도 제정되지 않았다.

풍요-불화사회에서는 낮은 위계에 위치할수록 산재 위험이 높다. 일반적으로 산재 희생자는 가장 낮은 위계에 위치한 비정규직 육체노동자들이기 때문이다. 따라서 이런 사회에서는 위계 하락의 공포가 육체적 죽음의 공포와 합쳐질 수밖에 없다.

풍요-불화사회에서의 또 다른 생존 위협은 실업이다. 돈을 벌지 못하면 생존이 불가능한 풍요-불화사회에서 실업은 생존 불안의 최대 원인이다. 오늘날 한국 사회에서는 구직자나 실업자는 물론이고 취업자들까지도 입사하자마자 실업 불안에 시달리고 있다. 재취업이 쉽지 않고 실업이 빈번한 데다 실업자가 되면 최저선의 생활조차 유지하기 힘들어지기 때문이다.《여론으로 본 한국사회의 불평등》에 언급된 한 조사에 의하면 실업자 및 비경제활동 인구를 제외한 취업자 중에서 과반이 넘는 56퍼센트가 고용불안을 느끼고 있다. 그리고 이러한 고용불안은 소득이 낮을수록 심하다. 즉 저소득층일수록 고용불안을 더 크게 느끼고, 고소득층일수록 덜 느낀다는 것이다.

저임금 역시 풍요-불안 사회에서의 생존에 위협이 된다. OECD 회원국 중에서 가장 긴 노동시간을 자랑하는 한국의 경우 월급이 100만 원 이하인 노동자가 전체 임금노동자인 1,874만 명의 3분의 1을 넘는다. 노동자 세 명 중에서 한 명은 2인 가구의 최저생계비에도 미치지 못하는 저임금으로 살아가는 것이다. 이를 근거로 경제학자 장하성은 한국인들이 생존 불안에서 자유롭지 않다고 강조한다. "한국 불평등의 문제는 질투심으로 인한 '배 아픔'이 아니라, 저임금으로 인한 '배고픔'의 문제"라는 것이다.

사회적 생명의 죽음을 방치하는 사회

|

풍요-불화사회에는 굶어 죽는 사람이 거의 없겠지만 사람들은

최저선의 생활을 위협당하면 생존 불안을 체험한다. 어떤 이들은 소위 선진국에서는 실업자들도 국가로부터 실업수당을 비롯한 지원을 받을 수 있고, 저임금 노동자들도 최소한의 임금을 받고 있으므로 생존 불안이 없다고 주장한다. 즉 배고픈 사람은 있어도 굶어 죽는 사람은 거의 없으니 생존 불안이 없다는 것이다. 실제로 물질적 생활 수준만을 놓고 보면, 선진국의 빈곤층은 가난한 나라의 빈곤층에 비해 부유하다고 할 수 있다. 이정전의《주적은 불평등이다》에 나온 표현에 따르면 기아에 시달리는 "아프리카의 시각에서 보면 미국에는 사실상 빈곤이 없는 셈"이다.

아프리카의 가난한 나라들에는 선진국의 빈곤층조차 물질적 풍요를 누리는 것처럼 비칠 수 있다. 또한 월 수십만 원의 소득으로도 굶어 죽지는 않으니 생존 불안이 없을 거라고 생각할 수도 있다. 그렇지만 그런 밑바닥 삶은 육체적 생존은 가능할지 몰라도 사회적으로는 생존할 수 없는 삶이다. 사회적으로 생존하기 위해서는 음식뿐 아니라 제대로 옷을 갖춰 입어야 하고 문화적인 집에 거주해야 하며, 친구들을 만나서 커피나 술도 마시고 책이나 영화도 보면서 살아가야 한다. 즉 중산층 수준의 삶을 살 수 있어야 사회적으로 생존하고 있다고 말할 수 있는 것이다. 따라서 풍요-불화사회에서 최저선의 삶을 살아가는 가난한 사람들은 사회적 생명이 심각하게 위협당한다거나 사회적으로는 이미 죽었다고 느낀다. 이런 사람들에게 '그래도 당신들은 아프리카 사람들보다는 훨씬 낮지 않은가'라고 백만 번 말해준다 한들 생존 불안에서 자유로워질 수는 없을 것이다.

한때 한국 사회를 커다란 충격에 빠뜨렸던 송파 세 모녀 자살 사건을 복기해보면, 그들이 굶어 죽을 상황이라 자살한 것이 아니라는 것을 알 수 있다. 그들에게는 수중에 현금이 70여만 원 정도 있었으므로 다른 지출을 미뤄두고 쌀을 샀다면 굶어 죽지는 않았을 것이다. 그러나 집세를 비롯해 온갖 빚 독촉에 시달리면서 목구멍에 풀칠은 할 수 있다고 자위하는 삶은 사람답게 사는 삶이 아니다. 그런 삶이란 사회적 생명의 죽음, 즉 사회적으로는 이미 죽은 삶이나 마찬가지다. 21세기형 불화사회에서 밑바닥 삶은 사람들한테 버러지 취급을 당하면서 살아간다는 것을 의미한다. 풍요-불화사회에서는 이렇게 사회적 생존이 불가능해질 때 사람들이 생존 불안을 경험하는 것이다.

학대 불안, 추방 불안, 자존감 불안

육체적 생존에는 절대적 기준을 정할 수 있다. 하루에 어느 정도의 영양을 섭취해야 하고, 추울 때는 방한복을 입는 것처럼 말이다. 반면에 사회적 생존에는 절대적 기준이란 있을 수 없다. 사회적 생존은 상대적인 기준으로 결정되기 때문이다. 이것은 생존 불안이 절대적 빈곤이 아니라 상대적 빈곤에 의해 좌우된다는 것을 의미한다.

왜 사람들은 중산층 수준의 삶을 목표로 정하고 그에 미치지 못하면 생존 불안을 경험하는 것일까? 사람은 누구나 다른 사람들과 좋은 관계를 맺고 잘 지내고 싶어 한다. 그러려면 서로를 존중해야 한다. 상호 존중은 정상적인 인간관계의 필수 전제이다. 존중 없이는 관계도 없다. 물론 지배-피지배, 착취-피착취, 학대-피학대 관계와 같은 반인간적이고 병적인 관계들은 예외다.

사람은 관계 속에서 태어나 관계 속에서 성장하고 관계 속에서 살아가다 관계 속에서 죽는 사회적 존재이다. 물을 떠난 물고기가 생존할 수 없듯이, 관계 혹은 사회를 떠난 사람은 존재할 수도 없고 생존할 수도 없다. 이 때문에 사람은 관계를 가장 중요하게 생각한다. 즉 사람에게는 먹는 것보다 관계가 훨씬 더 중요하다. 동물은 육체적 생존을 가장 중시하므로 배고픈 것을 제일 두려워한다. 반면에 사람은 사회적 생존을 가장 중시하므로 관계의 파탄 혹은 고립을 제일 두려워한다. 만일 사람이 관계보다 먹는 걸 더 중시하는 존재라면 자살률은 가난한 아프리카 나라들이 제일 높아야 할 것이다. 하지만 가난한 아프리카 나라들의 자살률은 상당히 낮은 편이다. 그들은 굶어 죽는 그 순간까지도 살려고 몸부림친다. 즉 살려는 의지가 한국인들보다도 높다.

한국은 굶주림에 시달리는 사람은 별로 없지만 자살률은 세계 최고 수준이다. 《자살공화국》에서 한국인들의 자살 원인은 배고픔이 아니라 관계의 파탄에 있음을 논증한 바 있다. 이는 상호 존중의 관계가 없어진다는 것을 의미한다.

사람들은 타인에게 존중받지 못하면 결국 스스로를 존중하지 못해 자신이 사회적으로 죽었다고 느낀다. 즉 자신을 이 세상에서 홀로 고립된 존재, 무가치한 존재, 이미 사망한 존재로 느낀다는 것이다. 경제학자 애덤 스미스는 《존중에의 추구》에서 "인간 모두에게 필요한 것은 바로 존중받고 있다는 느낌이다"라고 말한 바 있다. 심리학자 에리히 프롬 역시 "인간의 최대 공포는 개인적으로도 사회적으로도 집단으로부터의 완전한 고립, 완전한 추방을 당하는 일"이라고 말했다. 나 역시 사회적 죽음이 육체적 죽음보다 더 강력한 공포라고 믿는다. 그렇기에 사람들은 차라리 육체적 생명을 끊어버리는 자살을 감행하는 것이다. 그 누구에게도 존중받지 못한다는 것은 사회적 죽음을 의미한다. 존중 불안이란 존중받지 못하는 것, 그리고 존중받지 못할지도 모른다는 불안이다. 존중 불안을 세분화해서 살펴보자.

1. 학대 불안

내가 상대방을 존중하지 않는다는 것은 곧 그와의 관계를 거부하는 것이고, 그를 나와 평등하지 않은 존재로 낙인찍는 행위이다. 이것은 누군가를 존중하지 않는 것, 그 자체가 학대임을 의미한다.

아르바이트생, 공무원이나 간호사, 택시 운전사, 서비스직 종사자 등을 대상으로 조사한 결과들을 보면 이들이 제일 힘들어하는 것은 저임금이나 장시간 노동이 아니라 진상 고객임을 알 수 있다. 즉 자신을 존중하지 않고 함부로 대하는 고객을 제일 힘들어한다는 것이다. 한국은 위계 간 학대와 위계 내 학대가 일상화되어 있다. 물론 이 중에서 더 심각한 것은 위계 간 학대이다.

다층적 위계 사회에서 살아가는 한국인들은 학대에 대한 불안이 극심하다. 다시 말해 한국인들은 타인들이 자신을 무시하거나 경멸할지도 모른다는 불안에 떨면서 살아간다.

킵 윌리엄스는 사람들이 무시당하는 것을 얼마나 싫어하고 힘들어하는지 실험으로 확인했다. 실험자는 참가자들에게 실험이 곧 시작될 예정이니 방에서 기다리라고 말했다(하지만 이때부터 이미 실험은 시작되었다). 참가자들이 대기하던 방에는 연구 조교였던 두 명의 협조자(공모자)가 있었는데, 그중 한 명이 방 안에 놓여 있던 공을 집어서 여기저기 던지기 시작했다. 그리고 일부러 한 사람을 의도적으로 배제시켰다. 윌리엄스는 이 실험 이후 가상 세계에서 무시당하는 실험도 실시했다. 온라인게임을 하면서 일부 참가자들을 의도적으로 무시했다. 이 두 실험에서 무시당한 참가자들은 꽤 높은 수준의 고통과 분노, 슬픔을 느꼈다고 보고했다. 윌리엄스는 자신의 실험 결과를 정리하면서 사회적으로 고통스러운 사건, 특히 왕따를 경험한 사람들의 고통 수준이 "만성 요통과 심지어 출산의 고통에서 관찰된 고통 수준에 비견된다"고 말했다. 이처럼 일상생활에서의 무시와는 비교조차 할 수 없는 실험 상황에서의 일시적이고 가벼운 무시조차 상당한 고통을 유발한다면 실제 경험의 고통은 얼마나 크겠는가. 게다가 그것이 반복되거나 지속된다면 그 고통은 형언할 수 없을 것이다.

윌킨슨은 사람들이 무시와 같은 정신적 학대를 대단히 두려워한다는 것을 실험으로 확인했다. 위계 생활을 하는 개코원숭이 집단에서는 낮은 위계의 원숭이일수록 혈중 피브리노겐(fibrinogen) 수치가 높다. 피브리노겐은 부상을 입었을 때 혈액이 더 빨리 응고되도록 촉진한다. 낮은 위계의 개코원숭이는 높은 위계의 원숭이한테 공격당할 가능성이 높아 스트레스에 시달리는데, 피브리노겐은 이런 스트레스 정도에 대응해 증가한다. 그런데 윌킨슨은 원숭이만이 아니라 사람들도 학대와 관련한 스트레스에 비례해 피브리노겐 수치가 높아진다는 사실을 발견했다. 영국의 공무원 3,300여 명을 대상으로 실시한 연구에서 공무원 직급이 낮을수록 피브리노겐 수치가 남녀 모두에게 더 높게 나타난 것이다. 하위 공무원의 혈액은 마치 위계가 낮은 개코원숭이처럼 공격에 대비하고 있는 것처럼 반응했다.

최근에는 사회적 배제나 추방을 당할 때 체험하는 정신적 고통의 생리적 기초에 관해서도 연구가 진행되고 있다. 이 연구들에 의하면 사회에서 배제되었을 때 받는 정신적 고통은 두뇌의 특정한 부위를 자극하는데, 그 위치가 육체적 통증을 느낄 때 반응하는 부분과 정확히 일치한다. 또한 공놀이에서 소외당하는 것처럼 아주 사소한 따돌림을 당했을 때조차도 사람은 심한 정신적 고통을 느끼며, 그 고통이 육체적 통증을 느낄 때와 비슷한 수준이라는 것이 확인되었다.

위계 간이든 위계 내이든 간에 학대는 엄청난 정신적 고통을 초래한다. 따라서 사람들은 무시당하는 일이 발생하지 않도록, 무시당하는 상황에 처하지 않도록 신경을 곤두세우고 살아간다. 예를 들면 동창회나 친목 모임에 나갈 때 자신의 직업이나 옷차림새 등에 무척 신경을 쓴다는 것이다. 하지만 제아무리 조심하더라도 위계가 낮으면 사회적 무시를 피할 수 없다. 즉 그 불안에서 벗어날 수 없다는 것이다.

갑질은 물론이고 누군가의 자기과시도 타인들에게는 학대다. 비싼 명품을 자랑하고 으스대는 행동 속에는 '나는 명품을 들고 다닐 정도로 높은 위계의 사람이야. 그런데 너는 아니네', '나는 부유한데 너는 가난뱅이구나'라는 의미가 포함되어 있다. 이렇게 타인을 비웃고 조롱하고 경멸하고 무시하는 것이 학대가 아니면 무엇인가.

차별대우, 특히 임금차별은 학대를 아예 제도화한 것이라고 할 수 있다. 그렇기 때문에 임금차별을 당하는 사람은 학대의 고통에 시달린다. 리처드 윌킨슨과 케이트 피킷은 "상대 소득이 지위를 규정하는 사회에서 같은 회사의 임원급여 0.25퍼센트를 사원 월급으로 지급하는 처사는 대다수 사람을 싸잡아 무가치하다고 공언하는 가장 확실한 방법"이라고 말했다. 한마디로 임원과 사원 간의 큰 임금격차는 곧 대다수 사원을 학대하는 행위라는 것이다.

한국의 부모들은 이런 이유로 자식들에게 공부를 강요한다. 존중받지 못하는 고통, 무시당하는 고통이 얼마나 견디기 힘든지를 잘 아는지라 부모들은 자식들이 힘들어한다는 걸 잘 알면서도 '지금 힘든 것은 아무것도 아니야. 나중에 돈 못 벌어서 무시당하는 고통에 비하면. 그러니까 참고 공부해'라고 말하면서 강요를 멈추지 못한다. 참으로 슬픈 말이지만, 오늘날 한국인의 삶이란 학대를 피해 미친 듯이 위계의 사다리를 올라가는 과정이라고 해도 무방하다. 리처드 윌킨슨과 케이트 피킷은 《불평등 트라우마》에서 "불평등이 증가하면서 모두가 지위에 더욱 관심을 가지게 되었고 자신이 어떻게 보이는지에 민감해졌으며 모욕당할지 모르는 가능성을 경계하게 됐다"고 한탄했다. 모욕, 즉 학대당할지도 모른다는 두려움은 모두를 위계의 쳇바퀴로 몰아넣는다.

2. 추방 불안

타인에게 존중받지 못하는 경험이 반복 지속되면, 그 누구도 자신을 존중하지 않을 거라고 믿게 된다. 이럴 때 사람은 사회로부터 완전히 배제되거나 추방당하는 느낌을 받는데 이것과 관련된 불안이 바로 추방 불안이다. 추방 불안에는 유기 불안도 포함된다. 한두 명이 아닌 다수의 사람들 혹은 불특정 다수한테서 조리돌림이나 왕따를 당하거나 당할 위험이 있을 때 사람들은 추방 불안에 시달린다. 당연히 위계가 낮은 사람들이 추방 불안으로 가장 심하게 고통받는다. 위계가 낮을수록 존중받지 못할 가능성이 높아지는 데다 위계 내 불화도 심해지기 때문이다. 앞에서 살펴보았듯이, 낮은 위계의 사람들은 자신을 혐오하기 때문에 동일한 위계의 사람들과 어울리지 않으려 한다. 이 때문에 위계가 낮을수록 위계 내 불화가 더 심해지고, 그 결과 공동체가 약화되는 경향이 있다.

왕따를 당하는 학생들의 자살에서도 알 수 있지만, 추방 불안은 극심한 고통을 유발한다. 심리학자 브루스 알렉산더는 추방 불안을 '이탈'이라는 개념으로 설명한다. 이탈이란 제자리에 있지 않고 배제된 느낌, 바람직한 사회관계와 단절된 불행한 느낌을 말하는데, 알렉산더는 "물질적 빈곤은 존엄성으로 견딜 수 있지만 영혼의 빈곤, 즉 이탈은 존엄성으로 견딜 수 없으며 물질로도 극복할 수 없다"고 지적했다. 그의 말을 좀 더 명확하게 하자면, 자신을 존중해주는 이들이 있으면 가난은 견딜 수 있지만 사회적 배제나 추방은 그 어떤 것으로도 극복할 수 없을 정도로 치명적이다.

자신을 존중하는 사람이 하나도 없다는 느낌, 다시 말해 관계를 맺을 수 있는 사람이 없다는 느낌은 수치감으로 치환된다. 수치감이란 자신의 약점과 결함, 열등함 등이 타인들한테 노출되었을 때 느끼는 감정이다. 사람은 사회적 존재로서 자기 인격의 열등함, 무가치함, 결함 등이 타인들에게 노출되면 당황, 혐오의 감정인 수치감을 체험하는 것이다. 심리학자 토머스 셰프도 "수치감이 실제든 상상이든 타인이 자신을 부정적으로 평가할지도 모른다는 두려움에서 발생한다"고 주장했다. 수치감은 자연스럽게 추방 불안으로 이어지기 때문에 이 둘은 동전의 양면과도 같다.

3. 자기존중 불안

학대와 추방 불안은 결국 자기존중 불안으로 이어진다. 자신의 사회적 가치에 기초해 스스로를 존중하는 감정이 자존감이므로, 자존감은 기본적으로 자신의 가치를 어떻게 평가하는가에 따라 결정된다. 자신의 가치를 긍정적으로 평가하는 사람은 스스로를 존중할 수 있지만, 그렇지 못한 사람은 스스로를 존중할 수 없다. 그런데 자신의 가치 평가는 하루 이틀 만에 만들어지거나 완성되는 것이 아니다. 그리고 그 평가 과정에는 사람의 가치를 평가하는 사회적 기준이 커다란 영향을 미친다. 사람의 성정을 기준으로 가치를 평가하는 사회에서 살다 보면 자연히 이를 기준으로 평가할 것이고, 돈을 기준으로 가치를 평가하는 사회에서는 돈을 기준으로 평가할 것이다. 이처럼 사람의 가치를 평가하는 사회적 기준은 자신을 평가하는 기준으로도 사용된다.

일부 심리학자들은 자존감을 타인과는 상관이 없는 것이라고 주장하기도 하는데 잘못된 판단이다. '존중'은 순수 개인적 견지에서가 아니라 본질적으로 사회적 관계에서 제기되는 문제이다. 무인도에서 혼자 사는 사람에게 존중은 문제 제기조차 될 수 없다. 타인으로부터의 존중이 내면화되어 자기가 스스로를 존중하는 것이 자기존중이다. 이것은 자기존중이 타인이나 사회와는 관계없이 주관적으로 조작할 수 있는 심리가 아니라는 것을 의미한다.

윌킨슨은 위계 사회에서는 인간마다 개인적 가치가 다르다는 생각과 그 가치에 따라 순위가 매겨져 있다는 가정이 만연하다고 지적했다. 위계 사회에서 위계화의 주요 원인은 돈이다. 특히 소득격차가 위계를 만들어내는 주요한 원인이다. 돈이 곧 위계인 풍요-불화사회에서 돈은 사람의 가치를 평가하는 사회적 기준으로 등극한다. 이런 사회에서 위계가 다르다는 것은 돈 버는 체급이 다르다는 것을 의미하는 동시에 사람의 가치가 다르다는 것을 의미한다. 돈과 위계가 사람의 가치를 평가하는 사회적 기준이 되면 자신의 가치까지도 돈과 위계를 기준으로 평가한다. 그 결과 풍요-불화사회에서 자존감은 돈과 위계에 따라 그 높낮이가 결정된다. 물론 이것은 진짜 자존감이 아니라 가짜 자존감이다. 진짜 자존감은 돈이나 위계로 결정되는 것이 아니라 사회적 쓸모나 사회적 기여도에 의해 결정되기 때문이다.

자존감이 돈과 위계에 비례하면, 절대다수가 자존감 손상을 피하기 어려워진다. 자신이 어떤 위계에 속하든 자기보다 높은 위계는 반드시 있기 때문이다. 물론 위계가 낮을수록 자존감이 낮아진다는 것은 누구라도 알 수 있다. 이런 조건에서 학대 불안, 추방 불안과 같은 존중 불안은 궁극적으로 자기존중 불안으로 귀결될 수밖에 없다. 현실에서 완벽히 도피하지 않고서야 학대당하고 배제당하는 사람이 스스로를 존중하기란 대단히 어려울 것이기 때문이다.

다층적 위계 사회에서 돈과 위계는 인간의 가치를 평가하는 가장 중요한 기준이므로 위계에 따라 자존감도 오르내린다. 위계가 높은 사람은 가치가 높으니 자존감이 높지만, 위계가 낮은 사람은 가치가 낮아 자존감이 낮다. 따라서 "자신의 사회적 위계가 곧 자기 능력이라고 생각하고는 체념해버리거나 아니면 위계 상승을 하고 자존감을 지키기 위해 끝없는 투쟁에 뛰어든다"는 윌킨슨의 말처럼, 다층적 위계 사회에서 사람들은 자존감 손상을 피하기 위해 혹은 자존감을 높이기 위해 위계 상승에 사활을 건다. 즉 자존감을 지키기 위해 한 계단이라도 더 높은 위계에 오르려는 처절한 싸움에 온 인생을 바친다는 것이다.

자신을 존중하지 않는 것은 곧 자기 학대이며, 자기 학대자가 자기혐오자가 되지 않기란 대단히 힘들 것이다. 상대적 빈곤, 낮은 위계는 사회의 차이를 막론하고 자기혐오와 타인혐오로 귀결된다. 가난한 나라와 부유한 나라를 두루 포함하는 여러 나라들을 대상으로 실시한 상대적 빈곤에 관한 여러 연구들은 주거환경이 크게 다르고 음식과 의복에 차이가 있어도, 타인보다 더 가난하다는 주관적인 체험은 매우 비슷했다고 말한다. 또 모두 빈곤을 혐오했으며, 가난을 이유로 자신을 혐오하는 동시에 일부 남성들은 자기혐오를 배우자와 자녀에게 화풀이했다고 밝혔다.

심리학적으로 볼 때, 낮은 위계(상대적 빈곤)와 자기혐오 사이를 매개하는 것은 낮은 자존감 혹은 자존감 손상이다. 한국 사회에서는 21세기에 들어와 자존감 열풍이 불고 있는데, 이것은 한국이 가난-화목사회에서 풍요-불화사회로 이행한 것과 관련된 사회현상이다. 즉 한국인들의 자존감에 빨간불이 켜진 것은 개인들 문제가 아닌 사회문제라는 것이다.

존중 불안은 학대 불안, 추방 불안(유기 불안), 자기존중 불안 등을 포괄하는 가장 심각한 불안이다. 존중 불안은 풍요-불화사회의 전형적인 불안인 동시에 인간이 가장 두려워하는 불안이다. 100점 만점을 기준으로 불안 수준을 평가하면, 가난-불화사회는 생존 불안 70점, 존중 불안 30점이다. 존중 불안보다 생존 불안이 더 심각하다. 가난-화목사회는 생존 불안 30점, 존중 불안 10점이다. 비록 가난하지만 화목해서 존중 불안이 거의 없고, 화목이 생존 불안 수준도 낮춰준다. 풍요-불화사회는 생존 불안 70점, 존중 불안 100점이다. 위계 간 불화와 위계 내 불화로 존중 불안 수준이 대단히 높고, 그것이 생존 불안 수준도 크게 끌어올린다. 이것은 풍요-불화사회가 인류 역사상 가장 불안 수준이 높은 사회라는 것을 의미한다.

평가 불안, 위계 불안, 사회 불안

존중 불안은 가장 심각한 불안인 만큼 그것으로부터 여러 가지 불안이 파생되는데, 그중에서 가장 대표적인 세 가지가 평가 불안, 위계 불안, 관계 불안이다.

1. 평가 불안

타인들로부터 존중받기 위한 첫 공정은 나쁜 평가를 받지 않는 것이다. 다시 말해 타인들에게 긍정적인 평가를 받아야 한다. 이로부터 존중 불안은 필연적으로 평가 불안을 낳게 된다. 평가 불안은 타인들 혹은 사회로부터 부정적인 평가나 비난을 받을까 봐 근심 걱정하는 것이다. 존중 불안 수준이 극단적으로 높은 오늘날의 자본주의 나라들, 즉 풍요-불화사회에는 평가 불안이 널리 퍼져 있다. 즉 윌킨슨의 말처럼 "'남들이 자신을 어떻게 보고 판단할까'라는 걱정, 심리학 용어로 '사회적 평가 위협'이라는 문제가 개인들의 삶의 질과 인생 경험에 대단히 심각한 부담을 주는 사회"인 것이다.

존중 불안이 극심한 사회에서 살아가는 사람들은 사회적 평가에 대단히 예민하다. 어떤 이들은 자신이 사회적 평가에 무덤덤하다, 즉 타인들의 평가에 거의 신경 쓰지 않는다고 생각할지도 모른다. 하지만 그것은 평가 불안이 워낙 오랜 시간 동안 만연되어서 갖게 된 착각일 뿐이다. 찰스 쿨리 역시 《인간성과 사회질서》에서 자신이 사회적 평가에 둔감하다고 믿는 것이 착각이라고 말했다.

또한 윌킨슨은 앞서 말한 저서에서 평온하고 사교적인 사람들도 "만약 실패나 치욕을 경험하면" 또는 "자신을 대하는 사람들의 얼굴에서 친절과 경의 대신 냉담이나 멸시"를 읽으면 자신이 "남들의 마음속에서 살아가고 있었다는 사실을 충격과 공포, 따돌림과 무력감 속에서 자각하게 될 것"이라고 말했다.

풍요-불화사회에서 평가 불안이 심해지는 것은 사람들이 더 이상 농촌공동체와 같은 전통적인 공동체에 소속되어 서로 알고 지내지 않는다는 사실과도 관련이 있다. 과거에 사람들은 각종 공동체에 소속되어 특정한 지역에서 정착 생활을 했다. 이런 공동체 삶에서는 사람들이 이미 서로를 잘 알고 있어서 사회적 평가가 그다지 중요하지 않다. 반면 오늘날 사람들은 개인 단위로 파편화되어 있고 끊임없이 유동하면서 타인들과 접촉한다. 이것은 자신의 사회적 평가가 끊임없이 일상적으로 진행된다는 것을 의미한다.

과거에는 신분에 따라 옷차림 등이 아예 달라 외관만 보더라도 상대의 위계를 알 수 있었다. 이런 사회에서는 어차피 사회적 평가가 정해져 있으므로 타인들이 나를 어떻게 평가할지 별로 신경을 쓰지 않았다. 반면에 오늘날에는 외관만 보아서는 그의 위계를 짐작하기 어려운 경우가 많다. 그렇지만 사람들은 어떻게 해서든 타인의 외관이나 행동 등에 따라 암묵적으로 그의 위계를 평가하고 달리 대한다. 따라서 사람들은 타인에게 존중받기 위해서 다방면으로 신경을 쓴다. 지금까지의 논의에서 알 수 있듯이, 풍요-불화사회에서 사회적 평가 불안은 과거에 비해 더 심하다.

평가 불안에 사로잡힌 이들은 타인들이 자신을 높은 위계에 속한 사람 혹은 괜찮은 사람으로 평가해주기를 기대하면서도 걱정하고 두려워한다. 한국 사회처럼 돈뿐 아니라 학력이나 외모처럼 숱한 것들이 사회적 평가의 기준으로 남용되면 사람들은 외모, 체중, 지적 수준, 발음, 미적 취향, 예술에 대한 조예 등 다양한 측면에 신경을 곤두세운 채 살아간다. 남들한테 한두 가지라도 흠이 잡히면 단지 그것만으로도 존중받지 못할 수 있다는 것을 잘 알고 있기 때문이다.

한국인들이 성형수술을 많이 받는 것 역시 평가 불안과 관련된 사회현상이다. 외모가 곧 자산이고 성공과 출세에 상당한 영향을 미치는 사회이니 사람의 위계나 가치를 평가하는 중요한 기준이 된다. 이런 사회에서는 평가 불안에 시달리는 정도가 심할수록 외모를 더 잘 가꾸어야 한다는 강박도 커지는데, 그것을 반영하는 현상이 바로 성형수술이다. 한국은 인구 대비 성형수술 건수가 세계에서 가장 많은 나라이다. 국제미용성형수술협회(ISAPS)의 보고서에 의하면 "2011년 기준 인구 1천 명당 성형수술을 가장 많이 한 나라는 한국"이다. 한국 여론조사들은 여성이 남성을 선택할 때 경제적 능력을 중시하는 반면 남성은 여성의 미모를 중시하고 있음을 보여준다. 미혼 남녀를 대상으로 실시한 조사에 의하면 국제결혼의 장점을 묻는 질문에 남성들은 외국 여성이 한국 여성에 비해 조건을 덜 따진다고 답한 반면, 여성들은 외국 남성과 결혼하는 것이 한국 남성과 결혼하는 것보다 더 여유로운 삶을 가능하게 해줄 것이라고 답했다. 이 조사 역시 한국 사회에서 사회적 평가의 기준이 젊은 남성의 경우는 돈이지만, 젊은 여성은 외모로 성에 따라 차이가 있다는 것을 보여준다.

한국의 젊은 남성들이 여성들에게 갖고 있는 가장 큰 불만 중 하나는 남성의 가치를 돈으로 평가한다는 것이다. '된장녀'나 '김치녀' 등의 신조어는 돈 많은 남성만을 좋아하는 여성들을 비하하는 의미를 담고 있다. 젊은 남성들은 여성들이 자신의 가치를 돈으로 평가하는 것을 비난하고 있다. 그러나 이는 완전히 초점이 빗나간 항의이다. 한국 사회에서는 사람을 돈으로 평가하는 것이 일반화된 지 오래인데, 오직 여성들만 남성을 돈으로 평가하지 말라는 것은 불가능하기 때문이다. 특히 아직까지도 결혼을 하면 남성이 생계를 주로 책임지고 여성은 자녀 양육을 책임지는 역할 구분이 여전하고, 남편의 위계에 따라 아내의 가치까지 좌우되는 한국 사회에서 여성들이 남성을 돈으로 평가하지 않기란 대단히 힘들 것이다.

엔지와 본드의 연구에 의하면 소득불평등이 심한 국가의 여성들이 다른 국가의 여성들에 비해 장래 배우자의 재정적 전망, 사회적 지위, 야망 등을 더 많이 고려한다. 이것은 다층적 위계 사회를 평등 사회로 바꾸는 개혁, 풍요-불화사회를 풍요-화목사회로 바꾸는 사회변혁에 성공하지 못하는 한 여성들이 남성을 돈으로 평가하는 현상, 나아가 그것을 매개로 하는 남녀 갈등이 좀처럼 사라지지 않을 것임을 시사해준다.

상대적인 기준에서 볼 때 풍요-화목사회라고 할 수 있는 북유럽 나라들에서는 성형수술 비율이 높지 않은데, 이것을 통해서는 성형수술이 존중 불안, 특히 평가 불안에 의한 사회현상임을 알 수 있다. 이것은 또한 성형수술을 받은 이들의 정신건강이 상대적으로 나쁘다는 연구를 통해서도 추측할 수 있다. 미국인을 대상으로 한 연구에 의하면 성형수술을 받은 환자가 다른 환자에 비해 정신질환 이력 가능성이 5배나 더 높았다. 평가 불안이 심할수록 더 나은 평가를 받기 위해 성형수술을 받을 가능성이 높다는 것을 의미한다. 이 외에도 여러 연구에서 불평등한 사회, 즉 풍요-불화사회일수록 여성들이 자신의 성을 자발적으로 상품화하는 경향이나 미용과 패션에 투자하는 시간이 많다고 보고한다.

상당수의 심리학자는 평가 불안에 시달리지 않으려면 타인들과 자신을 비교하지 말라고 조언한다. 하지만 이런 조언은 무엇보다 실현 불가능하다. 비교 혹은 대비는 사물현상 사이의 공통점과 차이점을 파악하거나 그 본질에 접근하기 위해 사용하는 필수 인식 방법 중 하나이다. 따라서 비교라는 인식 방법을 사용하지 않으면 이성적인 인식 자체가 교란되거나 불가능해질 수 있다. 나아가 마음을 먹는다고 해서 비교를 안 할 수 있는 것도 아니다. 문제는 자신과 타인을 비교하는 인식 행위 그 자체가 아니라 무엇을 기준으로 어떤 식으로 비교를 하느냐에 달려 있다. 상대적으로 평등한 사회에서는, 적어도 같은 위계에 속한 사람들의 경우 위계는 비교 기준으로 사용되지 않는다. 반면에 다층적 위계 사회, 즉 불평등이 심한 사회에서 위계는 사람들 간의 공통점과 차이점을 설명해주는 강력한 기준으로 작용한다. 위계가 사회적 비교의 가장 중요한 기준이 된다는 것이다.

풍요-불화사회에서 위계가 가장 중요한 비교 기준이 되는 것은 상대방과 나의 위계를 비교해 파악하는 것이 내가 상대방에게 존중받을 수 있는지를 예측하게 해주고, 나 역시 상대방을 존중해야 하는지를 알려주는 행동지침이 되기 때문이다. 다시 말해 다층적 위계 사회에서는 사람들이 서로의 위계를 파악하는 것이 상호작용의 출발점이 되기 때문에 돈이나 사회적 지위 같은 위계를 결정하는 요인들이 비교의 중요한 기준이 된다는 것이다. 비교를 하지 않는 것은 불가능하므로 만일 위계가 사라지거나 약해지더라도 사람들은 서로의 장단점이나 특성, 생각, 취미 등을 기준으로 여전히 비교할 것이다. 앞에서 언급했듯이, 이런 비교는 전혀 해롭지 않으며 정상적이고 과학적인 인식을 위해 필수적이다.

2. 위계 불안

위계 불안이란 낮은 위계에 위치하는 것과 관련된 불안, 혹은 위계가 추락하는 것과 관련된 불안이다. 높은 위계에 위치하면 그만큼 존중받을 가능성이 높아진다. 반대로 낮은 위계에 위치하면 그만큼 존중받지 못할 가능성이 높아진다. 위계에 따라 존중 정도가 달라지는 사회에서 낮은 위계는 그 자체가 불안의 원천으로 작용한다. 이런 사회에서는 낮은 위계의 사람들만이 아니라 높은 위계의 사람들 역시 위계 불안에서 자유로울 수 없는데, 언제라도 자신의 위계가 추락할 수 있고 이전까지 받았던 존중을 더 이상 받지 못할 수 있기 때문이다. 다층적 위계 사회에서는 항상 자기보다 더 높은 위계가 존재하기 때문에 존중 불안과 마찬가지로 위계 불안도 절대로 사라질 수 없다.

위계 불안은 패배 불안, 낙오 불안, 추락 불안 등을 동반한다. 패배, 낙오, 추락 등은 본질적으로 위계 하락을 의미하기 때문이다. 위계 불안은 또한 실수나 실패 불안을 동반한다. 실수나 실패는 경쟁에서의 패배로 이어지는데, 패배의 결과란 낮은 위계 혹은 위계 하락이기 때문이다.

다층적 위계가 만들어지는 풍요-불화사회가 위계 불안이 극심한 사회임은 여러 연구에서 확인되었다. 사회학자 리처드 레이트와 크리스토퍼 웰런은 소득불평등이 심한 사회의 사람들이 위계와 평가에 더 불안해하는지를 확인하기 위해 불평등 정도가 서로 다른 여러 국가의 지위 불안, 즉 위계 불안 수준을 조사했다. 구체적으로 그들은 2007년 유럽인 삶의 질 만족도 조사에 참여한 31개국 성인 35,634명의 데이터 중에서 '나의 고용 상황이나 소득 때문에 나를 무시하는 사람들이 있다'라는 질문에 대한 응답을 조사했다. 연구 결과에 의하면 모든 나라에서 소득 순위가 낮을수록 지위 불안이 증가했고, 소득 서열이 가장 높은 집단은 가장 낮은 집단에 비해 일관되게 지위 불안 수준이 낮았다. 그러나 불평등이 심한 국가일수록 '모든 소득 수준'에서 지위 불안이 다른 나라들보다 더 높았다. 이런 연구들은 소득격차가 큰 사회, 즉 다층적 위계를 동반하는 풍요-불화사회에서는 모든 사회 구성원의 평가 불안과 위계 불안이 커진다는 것을 보여준다. 풍요-불화사회에서는 소득이나 위계와 상관없이 남이 나를 어떻게 평가하는지 걱정하고 자신의 위계를 걱정하면서 살아간다.

다층적 위계 사회에서 위계는 단지 심리적 만족과만 관련된 것이 아니다. 높은 위계는 더 많은 돈이나 권력, 성공을 가능하게 해주는 실질적인 밑천이다. 따라서 이런 사회에서는 위계가 높을수록 더 높은 위계로 올라갈 가능성이 커지는 반면 위계가 낮을수록 더 낮은 위계로 추락할 위험이 커진다. 이것을 가능하게 해주는 것 중의 하나가 바로 인맥이다. 한국은 초등학생들조차 인맥이 중요하다는 것을 입버릇처럼 외우는, 실력에 의해 위계가 좌우되는 것이 아니라 인맥으로 위계가 좌우되는 부정의한 사회이다. 한국종합사회조사(2011년)에서 응답자들은 "한국 사회에서 중요한 결정을 내릴 때 혈연, 지연, 학연 등 연고가 작용한다"고 생각하느냐는 질문에 무려 86퍼센트가 '그렇다'고 대답했다. 또한 "외부 압력이나 소위 '빽'에 의해 영향을 받는다"는 문항에는 83.7퍼센트가 '그렇다'고 대답했다.

사회생활을 시작할 때 높은 위계에서부터 출발하는 것이 유리하다는 것을 잘 알고 있는 청년들은 대학 졸업을 상당 기간 미루고 있다. 경제·인문사회연구회의 《우리 사회는 공정한가》에 나온 한 통계에 의하면 한국의 대학생들이 졸업하는 데까지 소요되는 평균 기간은 9년 3개월이다. 대학 졸업을 뒤로 미루는 현상은 풍요-불화사회인 서구 나라들에서도 마찬가지다. 대학을 졸업하고 괜찮은 직장에 취직해 낮은 위계에서 사회생활을 시작하는 불리함을 극복했다고 하더라도 위계 불안에서 자유로울 수 없다. 따라서 그들은 직장생활을 하면서도 끊임없는 자기계발과 스펙 쌓기를 통해 자신의 능력을 부단히 높이려는 충동에 사로잡힌다. 절대로 사라지지 않는 위계 불안으로 끝없는 자기계발의 늪에 빠져드는 것이다. 이것은 자본주의사회가 강제하는 인간 상품화의 견지에서 볼 때 자신을 잘 팔리는 신식 상품으로 갱신하려는 몸부림이다. 동시에 풍요-불화사회의 견지에서 보면, 자기계발이란 위계 불안으로부터 도망치기 위한 필사적인 몸부림이다.

위계 불안에서 비롯한 위계 경쟁은 제로섬게임이다. "우리는 위계 경쟁이 제로섬게임이라는 사실을 직감적으로 알고 있다. 모든 사람이 다른 사람보다 상대적으로 높은 위계에 오를 수는 없다. 누군가의 위계가 올라가면 누군가의 위계는 내려간다"는 윌킨슨의 말처럼, 위계 경쟁은 결코 끝나지 않는 서로가 서로를 죽이는 잔인한 경쟁이다. 그러나 위계 불안이 심각한 사회에서 살아가는 사람들은 너무나 불안한 나머지 위계 경쟁을 멈추지 못한다.

오늘날 대부분의 한국인들은 자신의 위계를 한 단계라도 끌어올리는 것을 삶의 목적으로 삼고 살아간다. 블루칼라 노동자 아버지들은 노동자로서의 삶이 너무 고통스러워 자식들한테 더 높은 위계로 올라서야 한다며 공부를 강요한다. 화이트칼라 노동자 아버지는 4년제 대학을 나왔고 대기업을 다니고 있지만 그런 삶이 고통스러워 자식들에게 서울대에 진학해 더 높은 위계로 올라서야 한다며 공부를 강요한다. 고위직 아버지는 서울대를 나왔고 엘리트로 살아가지만 그런 삶이 고통스러워 자식들에게 해외 유학을 다녀와 더 높은 위계의 삶을 살아가야 한다며 공부를 강요한다. 어떤 위계에 속해 있든 모두가 고통스럽고 행복하지 않은 것은 위계 불안, 즉 존중 불안 때문이다. 위계가 높든 낮든 모두가 불안에 사로잡혀 끝이 없는 위계 상승에 목숨을 걸고 있는 것이 한국을 포함하는 풍요-불화사회의 끔찍한 현실이다. 또한 위계 불안은 온갖 사회악을 양산시키는 주요한 원인 중 하나라는 데 더 큰 문제가 있다.

3. 사회 불안

존중 불안은 사회 불안을 낳는다. 사회 불안이란 대인관계나 공동체 참여를 두려워하고 걱정하여 기피하는 것이다.

존중 불안은 위계 간 관계 혹은 불평등한 관계에서는 주로 위계 불안으로 체험된다. 존중 불안은 동시에 수평적 관계 혹은 일반적인 사회적 상황에서는 주로 평가 불안이나 사회 불안으로 체험된다. 윌킨슨은 "사회 불안은 자기보다 더 부유한 사람들과 있을 때에만 영향을 미치지 않는다. 인간은 자기와 대등한 사람들끼리 있을 때에도 좋은 인상을 심어주지 못할까 봐 걱정한다"라고 말했다. 즉 사회 불안은 단지 위계에 따른 존중의 문제만이 아니라 모든 사람과의 관계 혹은 다양한 사회적 장면에서 체험하는 가장 보편적이고 만성적인 불안인 것이다.

사회 불안이 심하면 사람들을 상대하는 일이 즐겁고 기쁜 일이 아니라 엄청난 고역이 되어버린다. 즉 평범한 사회적 상호작용을 하는 과정에서도 온갖 불안에 시달리고, 자존감이 낮아지고 자신감이 부족해져서 모든 사교활동을 힘겨워하며, 심한 경우에는 사회불안증이나 사회공포증 혹은 우울증을 앓을 수 있다. 참고로 미국의 경우에는 사회불안증을 앓고 있는 사람이 지난 30년 동안 전체 인구의 2퍼센트에서 12퍼센트로 증가했다.

사람들은 위계 간의 사랑이나 존중을 포기하더라도 살아갈 수 있다. 위계가 높은 사람이 자신을 사랑하고 존중해주지 않더라도 동일한 위계 내의 사람들 혹은 수평적 관계에 있는 사람들로부터 사랑과 존중을 받으면 그럭저럭 살아갈 수 있다. 위계 간 존중을 포기한 사람들도 최소한 수평적 관계에서만큼은 사랑과 존중을 받기를 원하며 또 타인들이 그렇게 해주기를 기대한다. 수평적 관계에 있는 사람들로부터도 사랑과 존중을 받을 수 없다면, 세상을 살아가기가 너무나도 힘들 것이다. 그런데 사회 불안은 위계 간 사랑과 존중은 물론이고, 수평적 사랑과 존중까지 방해하며 심지어 포기하도록 만든다.

사회 불안이 심한 사람들은 타인들이 자신을 좋아하는지 아니면 싫어하는지, 그리고 자신을 중요하게 여기는지 아니면 하찮게 여기는지에 대단히 민감하다. 자신을 좋아하고 소중하게 여기는 친구의 존재는 긍정적 자기개념을 가능하게 해주고 대인관계의 자신감을 높여준다. 반대로 자신을 반겨주는 친구가 없는 경우에는 세상으로부터 완전히 추방당한 듯한 고독감이나 소외감을 피하기 어렵고 대인관계의 자신감을 상실하게 된다. 이런 맥락에서 보면 사회 불안은 존중 불안에서 언급했던 추방 불안과 유사한 결과를 낳는다고 말할 수 있다.

사회 불안이 심한 이들은 대인관계를 기피하기 때문에 사회적 관계가 빈약하다. 즉 이들은 친구가 없고 독신 생활을 하며, 사회적 연결망이 허술하고 참여하는 공동체가 없는 삶을 살아간다. 사람들의 관계가 좋은 화목한 사회에서는 공동체 생활이 활성화되어 있지만 불화사회에서는 대단히 빈약해진다. 사람들이 존중 불안, 평가 불안, 사회 불안 등으로 대인관계를 기피하고 공동체 참여를 꺼리기 때문이다.

풍요-불화사회에서는 단지 위계 간 관계만이 아니라 위계 내 관계 혹은 수평적 관계까지 악화된다는 것이 여러 연구에서 확인되었다. 또한 부유층과 빈곤층 간 소득격차가 큰 사회일수록 공동체 생활이 빈약하다는 사실이 드러났다. 이러한 연구 결과들은 소득격차가 비교적 적은 사회가 더 화합한다는 것을 보여준다.

실업이 사람들의 삶에 미치는 영향을 조사한 연구에 의하면 실업자가 된 이들은 사회생활이 위축되고 교제 범위가 축소되었으며 부부 갈등까지 심해졌다. 조사 대상자 중 50퍼센트는 부부 간 언쟁 횟수가 늘었으며, 3분의 1은 배우자 한 쪽이 잠시 가출했거나 가출할 마음을 먹었다. 미국에서 실시한 연구 역시 소득 불평등 수준이 증가하는 지역에서는 시간이 지남에 따라 이혼율도 증가하고 있음을 보여준다.

사회안전망이 부실한 풍요-불화사회에서 실업은 생계의 위협이나 경제적 곤란을 의미한다. 그 결과 생존 불안이 심각해진다. 동시에 실업은 위계 추락을 의미하기 때문에 존중 불안도 극심해진다. 두 가지 불안이 겹치면서 불안 수준이 크게 높아지면 상대방의 작은 비판이나 지적에도 과민 반응할 수 있다.

다층적 위계 사회에서 위계 추락은 존중 불안을 극대화시킨다. 위계 추락이 곧 가치 추락을 의미하는 사회에서 실업자는 존중받지 못할 거라는 두려움은 물론이고 자존감이나 자신감 등을 상실하며 자기혐오에 시달릴 수 있다. 한마디로 실업자는 생존 불안과 더불어 극단적인 존중 불안에 시달린다는 것이다. 아내에게, 자식에게 그리고 주변 사람들에게 무시당하거나 버림받을지도 모른다는 두려움에 휩싸여 극도로 예민해진 사람이 대인 관계를 원만하게 풀어가기란 힘들 것이다. 이것은 위계의 추락이 위계 간 관계만이 아니라 위계 내 관계까지도 황폐화시킨다는 것을 의미한다. 앞서 다층적 위계 사회에서는 거의 개인 단위로 위계화가 만들어진다는 점을 지적한 바 있다. 이런 견지에서 해석하면 실업이란 부부의 위계 관계를 변화시키는 중대 사건으로 간주할 수 있고, 그 결과 부부 관계가 악화된다고 말할 수도 있을 것이다.

평가 불안이나 사회 불안이 심해지면 사람들은 자기 연출을 해야만 한다는 압력을 받는다. 타인들의 평가를 몹시 두려워하고 타인들을 상대하는 것을 두려워하는 사람일수록 좋은 인상을 주어야 한다는 압박감이 심하다. 이런 사람은 자기답게 말하고 행동하지 못한다. 그랬다가는 타인들로부터 사랑과 존중을 받지 못하거나 타인들이 자기를 싫어할 거라고 믿기 때문이다. 평가 불안이나 사회 불안을 방어하기 위해 타인들 앞에서 연극을 하거나 가면을 쓰다가 그것이 습관화되면 진정한 자기를 상실한다.

이런 사람들에게 사교 생활은 마음 편하고 즐거운 소통과 교제가 아니라 높은 점수를 받기 위한 힘겨운 연극으로 변질된다. 타인들을 연기하듯 상대하는 사람은 가면이 벗겨져 본모습을 들킬까 봐 항상 불안해하고 그런 자신을 위선자라 느끼며 정신건강이 악화된다. 그 결과 대인관계를 더욱 두려워해 자기 연출을 과하게 하는 악순환에 빠져든다. 사회 불안이 극도로 심해지면 사람들은 일체의 대인관계를 끊고 혼자 사는 삶을 선택하기도 한다. 인간관계 속에서 스트레스를 받으면서 사느니 차라리 관계가 없는 삶, 어떤 공동체에도 참여하지 않는 삶을 선택하는 것이다. 물론 그것은 평가 불안이나 사회 불안으로부터 일시적으로 도망치는 수단은 될 수 있을지 몰라도 올바른 해결책은 아니다. 하지만 존중 불안, 평가 불안 등 인간관계와 관련된 수많은 불안에 시달려온 사람들에게는 불가피한 궁여지책일 수도 있다.

한국에서는 혼밥족, 혼술족, 혼놀족 등이 빠르게 증가하고 있으며 1인 가구도 증가 추세다. 2012년 통계청 자료에 의하면 1인 가구는 전체 가구의 약 4분의 1이었지만, 2035년에 이르면 34.3퍼센트(4인 가구 비율은 9.8퍼센트로 급감)로 전체 가구의 3분의 1을 차지할 것으로 전망된다. 존중 불안과 그것에서 파생된 평가 불안, 위계 불안, 사회 불안 등에 시달리는 한국인들은 점점 더 혼자 사는 삶으로 도망치고 있다.

뱀이나 독거미보다 두려운 '칵테일 파티'

인간은 생존 불안과 존중 불안 중에서 무엇을 더 견디기 힘들어할까? 사회적 존재인 사람은 존중 불안을 더 견디기 힘들어한다. 사람이 가장 중요시하는 것은 먹거리가 아니라 관계이므로 굶어 죽지 않는 한 존중이 밥보다 더 중요하다. 과거 노예들이 '자유가 아니면 차라리 죽음을'이라고 외치며 노예해방 투쟁을 벌였던 것은 사람이 존중을 밥, 육체적 생명보다 더 중시한다는 것을 뚜렷이 보여준다.

중국의 공자는 《논어》에서 "위정자는 백성이 부족한 것을 걱정하지 말고 고르지 않은 것을 걱정하며, 백성이 가난한 것을 걱정하지 말고 불안해하는 것을 걱정하라"고 말했다. 그는 《예기》에서도 천하를 공유하는 '대동'을 이상향으로 제시했다. 부족하거나 가난한 것은 생존 불안을 유발하지만, 고르지 못한 것은 존중 불안을 유발한다. 공자는 백성들에게 더 중요한 것은 생존 불안 극복이 아니라 존중 불안 극복이므로 천하를 공유하는 평등한 세상, 즉 존중 불안이 없는 세상을 이상사회로 보았던 것이다.

영국의 철학자인 버트런드 러셀은 "생존을 위한 경쟁은 실제로는 성공을 위한 경쟁을 의미한다. 사람들이 두려워하는 이유는 내일 아침거리에 대한 걱정 때문이 아니라 자신의 이웃보다 더 잘살지 못하는 것에 대한 불안 때문이다"라고 말했다. 사람들이 끼니 걱정보다는 이웃보다 더 잘살지 못할까 봐 걱정한다는 말은 곧 사람들이 존중 불안을 더 두려워한다는 것을 의미한다.

사람에게 생존보다 존중, 즉 물질적 풍요보다 건전하고 화목한 관계가 더 중요하다는 것은 절대적 빈곤보다 상대적 빈곤이 더 위험하다는 말과 통한다. 예전부터 사회학자들은 절대적 빈곤보다 상대적 빈곤이 더 큰 문제라고 지적해왔다. 즉 혁명이나 폭동 등은 절대적 빈곤이 아닌 상대적 빈곤 때문에 발발한다는 것이다. 절대적 빈곤은 대체로 생존 불안을 유발하지만, 상대적 빈곤은 존중 불안을 유발한다. 절대적 빈곤이 아닌 상대적 빈곤이 혁명의 원인이라는 것은 사람들이 생존 불안은 견딜 수 있지만 존중 불안은 참지 못한다는 것을 의미한다.

사람들이 절대적 빈곤보다 상대적 빈곤을 더 두려워한다는 것은 여러 연구에서도 확인된다. 심리학자 알렉스 우드와 동료들이 영국에서 3만 명에 달하는 대규모 표본을 대상으로 실시한 연구에 의하면 상대적 소득 순위가 절대적 소득보다 정신적 고통에 더 큰 영향을 미친다. 예를 들면 자살을 생각하거나 시도하는 사람의 경우 소득 분포 내 순위를 절대적 소득보다 더 중요하게 여겼다. 미국에서 실시한 정신건강 연구에서도 같은 결과가 발견되었는데, 그 연구에 의하면 절대적인 소득 그 자체보다는 사회적 비교 집단 내에서 정해지는 상대적 소득 수준이 우울 증상의 발현 여부를 더 잘 예측했다. 소득에 관한 여러 연구도 급여의 만족도가 자신의 필요를 충족하는지보다 타인과 비교했을 때 어떤지에 따라 결정된다는 것을 보여준다.

여러 나라에서 실시한 다음과 같은 실험들도 사람들이 절대적 소득보다 상대적 소득이 낮은 것에 더 고통스러워한다는 것을 보여준다. 실험 참가자들에게 ① 본인 월급은 400만 원이고 다른 모든 사람의 월급은 600만 원인 상황과 ② 본인 월급은 200만 원이고 다른 모든 사람의 월급은 100만 원인 상황 중에서 무엇을 선택하겠냐고 물었다. 대부분의 실험 참가자들은 ②를 선택했다. 경제학자 이정전은 《우리는 행복한가》에서 한국의 학생들에게 위와 같은 실험을 실시한 결과 한국 학생들 역시 70퍼센트 정도가 ②를 선택했다고 말했다. 내 월급이 400만 원인 상황은 생존 불안을 줄이는 데는 유리하지만, 자신을 제외한 타인들이 모두 600만 원을 받는 상황은 존중 불안, 구체적으로 학대 불안은 물론이고 추방 불안까지 느낄 수 있다. 반대로 내 월급이 200만 원인 상황은 생존 불안을 심화시키지만, 타인들이 모두 100만 원을 받는 상황에서 존중 불안은 별 문제가 되지 않는다. 이런 실험들은 절대적 소득이 크게 줄어드는 것을 불사할 정도로 사람들이 존중 불안을 두려워한다는 것을 보여준다.

풍요-불화사회에서 살아가는 낮은 위계 사람들의 절대적 소득은 가난한 사회와 비교하면 오히려 높을 수 있다. 한국의 저소득층이 가난한 나라의 사람들보다 절대적 소득이 더 많을 수 있다는 것이다. 사람들이 다들 엇비슷하게 가난하다면 불화로 인한 고통, 즉 존중 불안은 별로 경험하지 않을 것이다. 설사 그 나라가 가난-불화사회로 분류될 정도로 불평등 수준이 높아도 그렇다고 말할 수 있다. 가난한 나라는 파이의 절대적인 크기가 작아서다. 즉 파이가 다층적인 위계화가 가능할 정도로 크지 않기 때문이다. 앞에서도 언급했듯이, 가난-불화사회에서의 위계는 대체로 극소수의 부자와 다수의 가난한 사람들 사이의 단순한 계급적 위계이지 다층적 위계가 아니므로 존중 불안 수준은 높지 않다.

반면 풍요-불화사회에서 살아가는 사람들은 인류가 경험해보지 못한 최고 수준의 불안에 시달린다. 풍요-불화사회는 파이의 절대적인 크기가 대단히 커서 극소수가 대부분을 독점하더라도 나머지 조각이 작지 않고, 극소수가 흘리는 파이 부스러기조차 꽤 커서, 그것을 불평등하게 분배함으로써 사람들을 다층적 위계로 쪼개버리는 사회이다. 풍요-불화사회란, 다소 과장해서 말하면 끝이 없을 정도로 촘촘하게 위계가 만들어질 수 있는 다층적 위계 사회이고, 그로 인해 동일한 위계 내의 불화까지도 심한 사회이다. 이런 사회에서 살아가는 대부분은 가난한 나라 사람들보다 밥은 더 배불리 먹겠지만 정신적으로는 더 고통스럽다. 사람이 가장 감당하기 힘든 존중 불안에 시달리면서 살아가기 때문이다. 풍요 사회라고 할 수 있는 한국이 가난한 나라들보다 자살률이 훨씬 높은 것, 출산율이 세계 최저인 것, 한국인들의 정신건강이 나날이 악화되고 행복 수준이 떨어지는 가장 큰 원인이 바로 여기에 있다.

월킨슨은 어떤 사회에 가난한 사람이 얼마나 많은지의 여부보다 "커다란 소득격차가 모든 구성원을 위계 경쟁과 불안이라는 사안에 어떻게 더 깊숙이 빠뜨리는지가 관건"이라고 지적했다. 가난한 어떤 사회가 부유한 사회로 바뀐다 하더라도 경제적 불평등이 심화되면, 특히 소득격차가 벌어지면 그 사회는 풍요-불화사회로 전락하게 되고 존중 불안은 극대화된다.

야외에서의 생존 기술과 강인함, 어떤 극한적 상황에도 잘 대처하는 것으로 유명한 미국인 베어 그릴스는 자신이 가장 두려워하는 것은 뱀이나 독거미가 아니라 칵테일 파티라고 말한 바 있다. 그의 솔직한 고백처럼 사람이 가장 두려워하는 것은 타인과의 관계인 것이다.

3장

불화지수로 한국인의 정신건강 진단하기

풍요에 중독된 21세기형 불화사회에서는 사랑
조차 돈이 있어야 할 수 있다. 사랑하는 친구와
최소한의 교제를 하려고 해도 커피값, 밥값 정도
는 필요하기 때문이다. 한국 사회는 돈이 없음을
자꾸만 자각하게 만드는 사회, 스스로를 사랑의
무능력자로 느끼게끔 강요하는 사회이다.

위계 간 불화에 위계 내 불화가 합쳐진 21세기형 불화는 풍요-불화사회에서 살아가는 사람들의 정신건강을 악화시키는 주범이다. 다층적 위계에 기초하는 풍요-불화사회에서 살아가는 사람들은 존중 불안으로부터 맹폭격을 당하기 때문에 정신건강이 나날이 악화되고 있다. 많은 이들이 각종 정신질환이 선진국에서 더 심각한 현상을 두고 '선진국병'이라 부르는데, 정확히 말하자면 21세기형 불화병이라고 해야 할 것이다.

일반적으로 배가 고프다고 해서 정신병에 걸리지는 않는다. 굶주리면 영양실조 등으로 몸에 병이 난다. 물론 굶주림이 야기하는 정신적 고통이 극심해 다른 요인들과 연결되면 마음에도 병이 생길 수 있다. 그러나 대체로 육체적 생존 위협은 마음이 아닌 몸의 병으로 귀결된다. 반면에 존중받지 못해 정신적 고통이 심해지면 필연적으로 마음에 병이 생긴다. 과감하게 도식화하면, 생물학적 욕구가 충족되지 않으면 몸에 병이 생기는 반면 사회적 욕구가 충족되지 않으면 마음에 병이 생긴다고 말할 수 있다. 존중 불안이 육체적 생명에 대한 위협보다 정신건강에 더 치명적이라는 것은 선진국 사람들의 정신건강이 왜 나쁜지를 설명해준다.

세계보건기구(WHO)가 21세기 초에 실시한 조사에 의하면 정신질환을 앓는 인구 비율은 부유한 국가가 가난한 국가보다 현저히 높다. 구체적으로 정신질환의 평생 유병률(평생에 한 번 이상

질병에 걸리는 비율)은 미국이 55퍼센트, 뉴질랜드가 49퍼센트, 독일이 33퍼센트, 네덜란드가 43퍼센트인데 비해 나이지리아와 중국은 각각 20퍼센트와 18퍼센트였다. 이러한 조사 결과는 정신건강이 물질적 풍요가 아닌 화목, 즉 존중 불안에서 얼마나 자유로운지와 관계가 있음을 강력히 시사한다.

미국심리학회가 2017년에 실시한 조사에 의하면 미국인들 중에서 무려 80퍼센트가 중압감이나 우울감, 신경과민, 불안감과 같은 스트레스 증상을 한 가지 이상 경험하고 있다. 또한 불안장애와 우울장애를 비롯한 기분장애는 물론이고 충동조절장애나 물질남용장애와 같은 정신건강 문제들이 심해졌다. 즉 미국인들의 정신건강 지표가 과거보다 크게 악화되었으며 지금도 진행 중이다. 1952년부터 1993년까지 미국 전역에서 뽑은 표본을 비교한 연구에 의하면 지난 40여 년간 학생 및 성인 집단 모두 불안 수준이 급격하게 증가했다. 이러한 결과에 충격받은 연구자는 보고서에서 "1980년대에 살고 있는 평범한 미국 어린이가 1950년대에 정신질환을 앓고 있던 어린이보다 더 높은 불안 수준을 나타냈다"고 통탄하기도 했다.

영국 킹스칼리지런던의 연구자들 역시 2006년의 10대 청소년들이 불과 20년 전의 청소년들보다 훨씬 더 심각한 정서적 장애를 경험하고 있다는 사실을 발견했다. 이런 연구들은 선진국 국민들의 정신건강이 과거에 비해 훨씬 더 악화되었고, 현재도 계속되고 있음을 분명하게 보여준다.

　선진 자본주의 나라들의 경우 대체로 1970년대까지는 평등 수준이 높은 편이었다. 그러나 1980년대부터는 대부분의 나라가 부익부 빈익빈 혹은 양극화 현상이 심각해졌고 사회안전망 역시 약화되었다. 그에 따라 선진국들은 1980년대를 기점으로 21세기형 불화를 특징으로 하는 풍요-불화사회로 전락했다. 부유한 나라들의 악화된 정신건강은 21세기형 불화가 초래한 필연적인 결과이다.

평등과 정신건강의 상관관계

|

마이클 마멋은 《건강격차》에서 "단적으로 죽음은 신체적인 문제지만 정신질환을 가진 사람은 그렇지 않은 사람보다 기대수명이 10~20년 정도 짧다. 정신에서 벌어지는 일들은 정신과 신체 모두에서 질병과 사망 위험에 막대한 영향을 미친다"고 말했다. 한마디로 마음이 아프면 몸도 아프다는 것이다.

　과거에는 몸의 병과 마음의 병을 별개라고 간주하던 시절도 있었다. 하지만 마음의 생리적 기초가 뇌의 활동이라는 사실이 상식이 된 오늘날에는 마음의 병이 몸의 병으로 이어지고, 그 반대의 경우도 가능하다는 견해가 널리 받아들여지고 있다.

사람의 신체는 위협을 느끼는 상황, 즉 스트레스 상황이 되면 효과적으로 대처하기 위해 소화나 면역 등 일상적인 신체 활동을 억제한다. 예를 들면 아드레날린과 같은 특정 호르몬의 분비가 촉진되는 반면 정상적 신체 기능을 위한 호르몬 분비는 억제된다. 그러다가 위협이 사라지면 신체는 다시 일상적인 신체 활동에 집중한다. 그렇다면 불안으로 인해 만성적으로 스트레스를 받는 신체는 어떻게 될까? 일상적이고 정상적인 신체 활동이 지속적으로 억제된 결과 심혈관계나 면역체계 등에 이상이 생긴다. 구체적으로는 소화불량, 피로, 우울증, 성기능감퇴 등을 초래하고 면역기능이 저하되어 각종 질환에 취약해진다. 또한 심장병, 후천성 당뇨병, 암 등 각종 성인병에 걸릴 확률도 높아진다. 만성 스트레스는 몸의 건강에 엄청난 악영향을 미친다. 만성 스트레스의 영향력은 조기 노화와 비슷하다.

심리 상태가 몸의 건강과 큰 관련이 있다는 것은 여러 실험으로 확인되었다. 한 실험에서는 자원자의 팔에 수포를 만들어 회복되는 정도를 확인했다. 그 결과 사람들과 적대적인 관계인 사람은 상처가 아무는 데 더 오랜 시간이 걸렸다는 것이 밝혀졌다. 이 실험은 인간관계의 질과 그로 인한 심리 상태가 건강에 영향을 미친다는 것을 보여준다. 또 어떤 실험에서는 실험 참가자들을 두 집단으로 나누어 한 집단에는 다섯 종의 감기바이러스가 들어 있는 증류수 몇 방울을 코에 투여했고, 다른 집단에는 순수한 증류수를 투여했다. 연구 결과 스트레스 정도가 낮은 사람들 중에서는 단지 27퍼센트가 감기 증세를 나타냈지만, 스트레스 정도가 높은 사람들 중에서는 47퍼센트가 증세를 보였다. 간단히 말해 스트레스 정도가 높은 집단이 감기에 더 많이 걸렸다는 것이다.

앞에서 언급했듯이 공포는 지속 기간이 짧은 반면 불안은 길다. 이것은 일상적이고 만성적인 불안이 공포를 이따금씩 체험하는 것보다 더 해로울 수 있다는 것을 의미한다. 풍요-불화사회에서 살아가는 사람들의 마음과 몸의 건강이 빠른 속도로 나빠지는 것은 불안, 특히 존중 불안에 점령당한 채 살아가는 것과 밀접한 관련이 있다. 그러므로 육체적 건강 수준이나 기대수명 등을 통해서도 정신건강 상태를 추정할 수 있다.

"선진세계에서 가장 건강한 나라는 가장 부자 나라가 아니라 가장 평등한 나라이다"라는 말처럼 여러 연구가 평등한 사회일수록 건강지수가 높다는 것을 보여주고 있다. 화목-불화 변수가 건강에 막대한 영향을 미친다는 것을 보여주는 대표적인 사례가 세계대전 시기의 영국이다.

사람들은 전쟁 상황에서는 스트레스가 극에 달해 건강이 크게 악화된다고 예상할 것이다. 그런데 놀랍게도 양차 세계대전을 거치는 10여 년 동안 영국 민간인의 기대수명은 급속하게 늘었다. 그 증가폭이 어느 정도였냐 하면, 이 시기의 기대수명 증가폭이 20세기 나머지 기간의 기대수명 증가폭의 2배였다. 전쟁 중이었는데도 왜 이렇게 기대수명이 높아진 것일까?

영국 정부는 전쟁에서 승리하기 위해 국민들을 단합시키고 국가에 대한 충성심을 높여야만 했다. 사실 극소수의 자본가들만 부유하고 절대다수의 국민들은 비참한 삶을 면치 못하던 제1차 세계대전 직후만 하더라도 영국에서는 노동자들의 파업과 사회주의운동 등 치열한 계급투쟁이 벌어지고 있었고 여러 사회 혼란이 지속되고 있었다. 이런 사회갈등이나 혼란을 그대로 두고 전쟁에서 승리하기란 불가능했다. 그래서 영국 정부는 부자들한테 세금을 걷어 국민들에게 나눠 줌으로써 영국 사회의 평등 수준을 전례 없이 끌어올렸다. 전시에 영국 정부는 완전고용 상태를 달성하고 노동자들의 임금을 대폭 올리며 주요 생필품 배급제를 실시하는 등 국민 단합을 이룩하기 위한 평등주의 정책을 펼쳤다. 영국 사회의 빈부격차는 급속하게 줄어들었고 나치 독일을 무찔러야 한다는 공동의 목표로 사회적 결속력도 비상히 높아졌다. 그 결과 영국 국민들의 건강이 급속하게 증진되었을 뿐만 아니라 범죄율도 크게 떨어졌다. 영국은, 비록 일시적이었지만, 전쟁 상황을 매개로 풍요-불화사회에서 가난-화목사회로 전환되었다.

전시의 영국은 모든 것이 부족한 가난한 사회일 수밖에 없었지만 평등 수준을 급격히 높였기 때문에 국민들은 존중 불안에서 해방되었고 마음과 몸의 건강 수준이 극적으로 높아졌다. 양차 세계대전 시기의 영국은 사람에게는 풍요보다 화목이 훨씬 더 중요하다는 것을 명확하게 보여주는 증거이다.

일반적으로 평등한 화목사회에 비해 불평등한 불화사회가 기대수명이 짧다. 동시에 풍요-불화사회 내에서도 기대수명은 위계에 따라 차이를 보인다. 즉 위계가 높을수록 기대수명이 길고 위계가 낮을수록 기대수명은 짧다. 한국의 경우 강원도의 어떤 군 소재지에 사는 저소득층 주민과 서울 강남 지역에 사는 고소득층 주민의 기대수명을 비교하면 강남 주민이 15년 정도 길다. 한국에서는 소득 상위 위계 집단과 소득 하위 위계 집단의 기대수명 격차가 계속 벌어지고 있다. 위계가 낮을수록 기대수명이 짧아지는 것에는 불안, 특히 존중 불안이 더 심해진다는 것이 큰 영향을 미칠 것이다.

평등과 건강의 관계를 꾸준히, 심도 있게 연구하면서 많은 논문과 여러 권의 저서를 출간한 바 있는 윌킨슨은 《건강불평등》 서문에서 다음과 같이 말했다. "한 사회의 소득격차 정도는 그 사회의 건강 수준을 결정하는 가장 강력한 요소라는 것이 분명해지고 있다. 더욱이 소득격차는 사회응집력을 와해시킴으로써 건강에도 영향을 미친다는 사실이 명백해졌다." 풍요 사회에서는 소득격차가 확대되면 다층적 위계가 만들어지고 개인들이 파편화됨으로써 위계 간 불화와 위계 내 불화가 극심해진다. 이런

21세기형 불화사회는 마음과 몸의 건강을 심각하게 파괴한다.

다층적 위계가 위험한 이유

다층적 위계 사회에서는 낮은 위계에 속한 사람일수록 건강 수준이 낮다. 즉 이런 사회에서는 위계와 건강 수준이 비례 관계에 있다. 위계가 마음이나 몸의 건강과 밀접한 관련이 있음을 보여주는 대표적인 연구는 1978년부터 1984년까지 영국의 남성 공무원 17,000명을 대상으로 진행한 사망률 연구(화이트홀1 연구)다. 이 연구에 의하면 맨 아래 위계의 공무원들은 맨 위 위계의 공무원들보다 평균적으로 사망률이 4배나 높았으며 맨 아래에서 위계가 한 계단씩 올라갈수록 건강 수준 역시 계단식으로 높아졌다. 마멋은 사회적 위계가 높을수록 건강 수준이 높아지는 이런 현상을 '건강의 사회계층적 경사면(social gradient in health)'이라고 정의했다.

화이트홀1 연구는 사회 극빈층이 아닌 소위 '철밥통'이라는 공무원들을 대상으로 실시한 연구이다. 공무원들은 경제적으로 비교적 안정된 직업군이다. 그럼에도 불구하고 공무원들의 건강은 위계에 따라 차이를 드러내고 있다. 이것은 절대적 소득 수준보다 존중 불안과 관련된 위계가 건강에 더 심각한 악영향을 미친다는 것을 시사해준다. 즉 절대적 빈곤도 당연히 문제지만 다층적 위계는 더 큰 문제라는 것이다. 화이트홀1 연구에서 발견된 위계와 건강 수준이 비례하는 현상은 이후 전체 영국인을 대상으로 실시한 조사에서도 발견됐고 다른 나라들에서도 관찰됐다.

런던의 공무원 1만 명을 대상으로 진행한 두 번째 화이트홀 연구는 위계와 관련된 스트레스가 대단히 심각하다는 것을 보여준다. 화이트홀2 연구에 의하면 업무 부담감은 큰 반면 통제력이 낮은 공무원, 노력한 것에 비해 보상이 적다고 느끼는 공무원들이 심장병과 정신질환을 앓을 위험이 높았다. 또한 조직 내에서 얼마나 정당하게 대우받는지 물어보았을 때 조직 내 정의가 부족하다고 대답한 공무원들이 정신적, 신체적 질환에 더 취약했다. 이런 결과는 위계가 낮을수록 업무의 통제력이 낮은데, 그런 낮은 통제력이 마음과 몸의 건강을 악화시킨다는 것을 의미한다. 또한 노력에 비해 보상이 적다고 느끼는 전형적인 심리는 부당하다는 것이므로 정의가 부재할 때에도 건강이 악화된다는 것을 의미한다. 부정의가 주는 고통과 그로 인한 정신건강의 악화는 뒤에서 다시 살펴볼 것이다.

먹을 것이 풍부한 환경에서 살아가는 개코원숭이의 스트레스 호르몬을 측정한 연구들은 위계가 낮은 수컷 원숭이일수록 스트레스 호르몬인 코르티솔 수치가 높다는 것을 보여준다. 그러나 가장 높은 위계의 원숭이도 2인자가 치고 올라오면 코르티솔 수치가 2인자 원숭이보다 더 높아졌다. 반면에 서로 협력하며 비교적 평등하게 생활하는 원숭이 집단에서는 위계가 낮더라도 코르티솔 수치가 높게 나타나지 않았다. 이런 연구들은 위계 집단에서는 위계가 낮을수록 스트레스가 심하며, 위계가 높아도 자신의 위계가 위협당하거나 위계 추락이 우려되는 상황에서는 스트레스가 심해진다는 것을 생리적 지표를 통해 보여주고 있다. 그렇다면 사람도 원숭이처럼 위계가 낮으면 스트레스가 심해져서 코르티솔 수치가 올라갈까? 그런 것 같다. 스웨덴의 린셰핑과 리투아니아의 빌뉴스 지역에서 살고 있는 남성들의 코르티솔 수치를 조사한 마가레타 크리스텐슨은 위계 생활을 하는 원숭이 집단처럼 사회적 위계에 따라 사람들의 코르티솔 수치가 확연히 달라지는 현상을 발견했다.

가장 낮은 위계에 속한 사람들은 존중 불안, 즉 학대 불안이나 추방 불안, 그리고 자기존중 불안 등이 가장 심할 수밖에 없다. 캐나다에서 가장 낮은 위계에 속하는 집단은 아마 원주민일 것이다. 캐나다 브리티시 컬럼비아주에 거주하는 원주민 아동과 청소년의 자살률은 캐나다 전체의 5배나 된다. 마찬가지로 미국의 원주민 집단, 호주의 원주민인 애버리지니, 뉴질랜드의 원주민인 마오리족의 건강 수준은 대단히 낮다.

지금까지의 논의들은 사람들이 건강해지려면 빈곤을 퇴치하는 것만으로는 부족하다는 것을 보여준다. 따라서 사람들이 건강해지려면 반드시 다층적 위계, 불평등을 없애야 한다.

풍요-불화사회는 어떤 욕구를 좌절시키는가?

사회적 존재인 사람은 생활 과정에서 정치적 요구, 물질적 요구, 정신문화적 요구, 도덕적 요구 등 다양한 요구를 실현하려고 한다. 이때 사람은 자신의 요구가 실현되면 만족을 느끼고 그렇지 않으면 불만을 느낀다. 모든 감정은 쾌-불쾌, 만족-불만족으로 구분할 수 있다. 일반적으로 쾌-불쾌는 외적, 내적 자극으로 체험할 수 있다. 반면에 만족-불만족은 항상 사람의 요구 실현과 관련해서 체험된다. 자유를 요구하는 사람은 자유가 실현되면 만족을, 그렇지 못하면 불만족을 느낀다.

욕구 혹은 욕망은 사람의 요구가 구체화된 것이다. 즉 의식에 의하여 자각되고 체험되는 사람의 구체적인 요구가 욕구와 욕망이다. 예를 들면 사람의 정치적 요구는 대통령을 직접선거 하려는 욕망, 정당에 가입하여 활동하려는 욕구 등으로 구체화된다. 원칙적으로는 요구와 욕구, 욕망을 구분하여 사용해야 하지만 여기서는 욕구라는 개념을 중심으로 논의를 전개할 것이다.

에리히 프롬은 사회를 물질적 풍요를 기준으로 선진국과 후진국으로 구분하는 것에 반대하면서 사람의 욕구 실현 정도에 따라 건전한 사회와 병든 사회로 구분해야 한다고 주장했다. 즉 사람의 건전한 욕구가 원만히 실현되는 사회가 선진국이자 건전한 사회이고, 그렇지 못한 사회는 후진국에 병든 사회라는 것이다. 마멋은 《건강 격차》에서 "건강한 사회는 구성원들의 욕구를 잘 충족시키는 사회이다. 그리고 그렇게 함으로써 구성원들이 더 건강한 사회다"라고 주장했는데, 프롬의 견해와 본질적으로 동일하다. GDP와 같은 물질주의적 기준으로 풍요-불화사회는 선진국이지만, 프롬이나 마멋의 기준에 의하면 병든 사회일 뿐이다. 왜냐하면 풍요-불화사회에서는 사람의 건전한 욕구들이 반복적으로, 그리고 심각하게 좌절되기 때문이다. 풍요-불화사회가 좌절시키는 대표적인 욕구들과 그 폐해는 다음과 같다.

1. 안전 욕구의 좌절

안전에는 육체적 안전만이 아니라 정신적 안전도 포함된다. 사람은 단지 육체적 생명이 위협받을 때만이 아니라 사회적 생명, 즉 존엄성이 위협받을 때도 불안전하다고 느낀다. 사회적 생명이 위협당하지 않기 위한 최소한의 조건은 사회로부터 존중받는 것이다. 타인들에게 존중받지 못하는 사람은 사회적으로 죽은 사람이나 마찬가지이다. "다른 사람들과의 갈등과 긴장은 일상생활의 경험 가운데 정서적 안녕에 지속적으로 영향을 미치는 가장 고통스러운 것이다"라는 윌킨슨의 말이 시사하듯 21세기형 불화사회 속 사람들은 안전하다고 느끼지 못한다. 즉 풍요-불화사회는 존중 불안이 극대화되는 사회이므로 사람들은 육체적 생명을 위협당하지 않아도 안전하다고 느끼지 못하는 것이다. 그리고 이는 필연적으로 공포와 불안을 촉발한다. 존엄성이 위협받을 때 체험하는 전형적인 감정이 바로 공포와 불안이기 때문이다. 극심한 존중 불안이 불안전함과 합쳐지면 공포와 불안은 더욱 커진다. 여기에 범죄 공포, 환경오염과 관련된 공포 등까지 더해지면 불안은 더욱 증폭된다.

필자는《그들은 왜 극단적일까》에서 극단주의의 원인이 안전에 대한 위협이라고 말했다. 안전이 지속적으로 위협당하면 타인들이 자신을 해치려고 한다는 식의 피해의식에 시달려 세상을 방어적이고 폐쇄적인 태도로 대하게 되며, 과잉 반응과 공격적인 행동을 하게 된다. 따라서 사회에서 불안전하다고 느끼는 사람들이 증가하면 극단주의, 배타주의, 혐오주의 등이 기승을 부린다.

안전 욕구를 위협당하는 사회에서 살아가는 사람들은 다른 것에 관심을 잘 돌리지 못한다. 이들은 오직 자신의 안전을 확보하기 위해, 공포와 불안을 방어하기 위해 전력을 다할 뿐이다. 안전 욕구의 좌절이 심할수록 사회는 더 개인이기주의로 치닫고 비이성적, 비합리적으로 변한다.

2. 사랑 욕구의 좌절

사랑은 사회적 존재인 사람에게 가장 기초적이고 중요한 것이다. 사람들은 누구나 사랑하기를 원하고 사랑받기를 원한다. 앞에서도 언급했듯이, 위계 간 사랑을 포기한 이들도 위계 내 사랑만큼은 원하며, 통상적인 사회관계에서의 사랑을 포기한 이들도 가족 혹은 연인 사이의 사랑은 갈구한다. 사람에게 사랑이 절대적으로 중요한 이유는 사랑이 관계를 이어주는 접착제 역할을 하기 때문이다.

건강한 관계란 지위를 중심으로 말하자면 평등한 관계라고 할 수 있고, 관계나 심리를 중심으로 말하자면 서로 사랑하고 존중하는 관계이다. 물론 불평등한 관계에서는 사랑과 존중이 원천적으로 불가능하므로 전자가 후자의 전제조건이라고 말할 수도 있을 것이다. 건강한 관계는 사랑으로 맺어지는 관계인 만큼 사랑 욕구가 좌절된다는 것은 곧 타인들과 관계를 맺지 못하게 된다는 것을 의미한다. 사랑 없이는 관계도 없고, 관계 없이는 사랑도 없다.

사랑 욕구가 좌절되면, 즉 관계로부터 단절되면 사람들은 고독, 고립, 소외 등의 부정적인 감정으로 고통받는다. 고독과 불안은 비례할 뿐만 아니라 서로를 강화한다. 또한 사람들은 그 어떤 집단에도 소속되지 못해 심리적인 고아 혹은 방랑자 생활을 하게 된다. 사람들이 소속감을 느끼려면 소속 집단을 사랑할 수 있어야 하며, 자신이 소속됐거나 소속되기를 원하는 집단의 구성원들 중 일부라도 사랑할 수 있어야 한다. 이것조차 불가능하면 사람은 소속감을 가질 수 없고, 그로 인해 고독이나 불안 수준이 높아진다. 21세기형 불화로 위계 간 사랑은 물론 위계 내 사랑도 불가능해지는데, 이런 사회에서는 위계가 낮을수록 사랑 욕구가 좌절되는 정도가 심해진다. 그 주요한 두 가지 원인은 다음과 같다.

사회적 고립은 건강에 해로우며 이것도 사회계층적 경사면을 따른다. 또 건강에 해를 끼치는 데서 그치는 게 아니라 사회적 지원과 지지를 얻을 수 있는 원천도 차단한다. 화이트홀2 연구는 지위가 낮을수록 친구, 동료, 이웃, 동호회, 단체 등과의 사회적 연결이 적다는 것을 발견했다. (…) 사회적 위계가 가장 낮은 사람들이 더 많은 접촉을 보인 유일한 유형은 가족과의 관계였다. 하지만 가족 관계만으로는 다른 종류의 사회적 유대가 부족하다는 점을 메우지 못한다. 마이클 마멋, 《건강 격차》, 동녘, 2017.

첫째로 낮은 위계의 사람들은 존중 불안을 핵심으로 하는 불안 수준이 높아서 대인관계를 두려워하기 때문에 공동체 참여를 꺼리고 고립적으로 살아가는 경향이 있다. 고립 생활은 사랑 욕구를 더 심각하게 좌절시킨다. 또한 앞에서 살펴본 것처럼 낮은 위계일수록 정신건강이 더 나쁜 편이라서 원만한 대인관계가 어려워지는데, 그것 역시 사랑 욕구를 좌절시킨다.

둘째는 위계가 낮을수록 더 가난하기 때문이다. 돈이 없으면 아무것도 할 수 없는 사회에서는 사랑조차 돈이 있어야 할 수 있다. 한국 사회는 누군가를 사랑하고 싶고 사랑한다 하더라도, 돈이 없으면 자신을 사랑의 무능력자로 느끼게 한다. 사랑하는 친구와 최소한의 교제를 하려고 해도 커피값, 밥값 정도는 필요하다. 부모는 자식한테 학원비를 주고 싶고, 괜찮은 옷과 신발 등을 사 주고 싶지만, 그러기 위해서는 돈이 필요하다. 돈 없이는 최소한의 관계나 교제조차 어려운 사회에서 돈이 없는 사람들은 누군가를 사랑할 자격이 없으며 사랑의 능력이 없다고 느끼도록 강요당한다. 그런 느낌은 사랑 욕구를 위축시키고 좌절시킨다. 결론적으로 풍요-불화사회에서 살아가는 사람들의 사랑 욕구는 끊임없이 좌절되며, 그 정도는 위계가 낮을수록 심하다고 말할 수 있다.

3. 자유 욕구의 좌절

풍요-불화사회는, 마치 양의 탈을 쓴 늑대처럼, 대부분 민주주의의 외피를 쓰고 있다. 자유민주주의를 정치이념으로 떠받드는 풍요-불화사회는 자유를 최고의 가치로 여기고, 자본주의가 자유를 철저히 보장하는 사회제도라고 선전한다. 이 때문에 한국인들 대부분은 한국 사회가 비록 평등하지는 않지만 자유만큼은 철저히 보장되는 사회(사실 국가보안법으로 인해 사상의 자유조차 보장되지 않는 한국은 중세기적 사회이다)라고 착각한다. 하지만 풍요-불화사회에서 보장되는 자유란 진정한 자유가 아니라 돈의 자유, 부자들의 자유일 뿐이다.

풍요-불화사회에서 자유는 돈과 비례한다. 돈 있는 사람에게는 무한대의 자유가 주어지지만, 돈 없는 사람에게는 굶어 죽을 자유나 허락된다. 한국인들에게는 강남의 좋은 집을 살 수 있는 자유가 있다. 하지만 그런 집을 사려면 돈이 아주 많이 필요하다. 한국인들에게는 마음껏 해외여행을 다닐 자유가 있다. 물론 돈이 뒷받침해준다면. 돈, 위계와 자유가 비례하는 풍요-불화사회에서 돈이나 높은 위계 없이는 자유도 없다.

자유라고 해서 모두 똑같이 중요한 것은 아니다. 자유 중에도 경중의 차이가 있다. 예를 들면 누군가에게 구속당하지 않고 학대당하지 않으며 의존하지 않을 자유는 인간의 존엄성과 관련된 대단히 중요한 자유다. 반면에 마음에 드는 스마트폰을 고를 수 있는 자유는 소비 행위와 관련된 덜 중요한 자유 혹은 부차적인 자유이다. 이런 맥락에서 풍요-불화사회는 사람에게 덜 중요한 자유는 허락하지만, 가장 중요한 자유는 좌절시킨다고 말할 수 있다. 그 무엇보다 다층적 위계에 따른 학대로 사람들이 인간관계에서 자유를 누리지 못하기 때문이다.

인간관계에서 평등이 전제되지 않으면 사람에게 가장 중요한 자유가 불가능함을 간파한 루소나 마르크스 등은 평등이 자유의 전제라고 강조했다. 루소는 모두가 평등해야 각자가 경제적으로 자기 자신의 주인이 될 수 있고, 그 누구도 타인에게 의존하지 않는다고 말했다. 마르크스 역시 부유한 사람만이 자본주의 체제에서 실질적 자유를 누릴 수 있다고 말했다. 이들은 그 무엇보다 "인간에 의한 인간의 지배, 예속이라는 부정의하고 불평등한 인간관계를 타파하여 서로 평등하고 독립된 자유로운 인간관계를 정립"해야만 비로소 자유가 가능해진다고 주장했다.

돈을 주요 매개로 하는 다층적 위계 사회에서의 불평등한 인간관계는 필연적으로 지배-종속(의존), 착취-피착취, 학대-피학대 관계 등으로 귀결된다. 그리고 이런 관계는 지배당하고 구속당하고 학대당하지 않을 인간의 가장 기본적인 자유를 박탈한다.

자유와 통제력 간에는 밀접한 관계가 있다. 자유에는 구속되지 않을 뿐 아니라 통제력을 가지고 있다는 의미까지 포함되어야 한다. 그런데 풍요-불화사회에서는 위계가 통제력과 비례한다. 즉 위계가 낮으면 그만큼 통제력도 상실한다는 것인데, 이것은 자유의 욕구 또한 더 심하게 좌절된다는 것을 의미한다. 43개국의 자료를 분석한 연구에 의하면 불평등한 국가에 사는 사람일수록 자신의 인생을 자신이 주도하고 있지 않다는 느낌을 더 많이 받았다. 또한 가장 부유한 계층의 통제감이 가장 높았고, 가장 가난한 계층은 가장 낮았다.

통제력 상실, 즉 자유 욕구의 좌절은 심신의 건강을 악화시킨다. 앞에서 언급한 화이트홀2 연구는 통제력 상실이 건강에 미치는 영향을 잘 보여준다. 이 연구에 의하면 업무에서 통제력을 거의 갖지 못한 사람들은 심장병이나 정신질환 등의 발병 위험이 높았고 병으로 결근하는 횟수도 더 많았다. 가정에서의 통제력 연구들에서는 가정생활에서 통제력이 거의 없다고 대답한 여성들의 경우 심장병과 우울증 발병 위험이 더 높았다. 이런 일련의 연구들은 위계가 낮아질수록 커지는 스트레스 중 하나가 통제력 부족과 관련이 있음을 보여준다. 위계가 낮아지면 업무와 관련된 통제력만이 아니라 인간관계의 통제력도 줄어든다. 즉 인간관계에서의 자유가 제한된다는 것이다. 결론적으로 낮은 위계가 건강을 악화시키는 가장 큰 이유는 존중 불안과 더불어 자유 욕구의 좌절이라고 말할 수 있을 것이다.

자유 욕구가 반복적으로 좌절되면 무력감이 초래된다. 무력감에 사로잡힌 사람들은 주체적이고 독립적인 삶을 포기하고 무기력하고 수동적이며 의존적으로 살아간다. 풍요-불화사회에서는 어른이 되어도 여전히 부모에게 의존하는 청년들이 계속 증가하고 있다. 이런 청년들을 지칭하는 신조어도 생겼다. 한국에서는 캥거루족, 미국에서는 트윅스터(twixter), 영국에서는 키퍼스(kippers)라고 부른다.

청년들이 부모에게 의존하는 현상은 부모 집이나 부모 곁을 떠나지 않는 모습에서 집중적으로 표현된다. 미국의 경우 26세에서 35세까지의 청년들 중 부모와 함께 사는 비율이 1970년 이후로 139퍼센트나 증가했다. 한국의 경우 통계청 인구주택총조사(2010)에 의하면 에코 세대의 절반 이상(54.2퍼센트)이 부모와 살고 있고, 서울에서만도 캥거루족이 48만여 명으로 2000년(25만여 명)보다 무려 92퍼센트나 증가했다.

앞에서 자세히 살펴보았듯이 무력감에 사로잡히면 강자를 굴종적으로 대하고 숭배하는 반면 약자를 깔보며 잔인하게 학대하는 피학대 심리의 핵인 조폭 심리, 권위주의적 성향을 갖게 된다. 1970년대까지의 한국 사회는 국민들이 박정희 독재정권에 학대당했던 사회였다. 그 결과 무력해진 국민들 중에는 박정희를 찬양하고 숭배하는 분위기가 형성되고 확산되었다. 1980년대까지는 독재정권이 재벌보다 더 힘이 셌다. 그러나 1990년대를 기점으로 이러한 힘 관계는 역전되어 오늘날에는 재벌이 정권보다 더 힘이 세다. 재벌이야말로 한국 사회의 절대 강자인 셈이다. 오늘날에는 재벌과 그 하수인들이 국민들을 학대하고 있다. 이에 따라 한국 사회에서 독재자 숭배 현상은 사라졌지만, 재벌을 두려워하고 숭배하는 현상이 자리를 잡게 되었다. 장하성은 이를 재벌공포증으로 정의하면서 "기성세대는 말할 것도 없고, 젊은 세대들까지도 재벌 체제에 대항하는 것을 '자살행위'로 받아

들인다. 어쩌면 한국 사회는 재벌의 총체적 지배에 '분노하지 않는 노예상태'에 이른 것인지도 모른다"라고 개탄한다.

무력감이 널리 확산된 사회에서는 강한 존재를 굴종적이고 의존적인 태도로 대하는 것은 물론이고 찬양하고 숭배하는 심리가 강해진다. 간단히 말해 공포가 숭배로 이어지는 것이다. 이런 점에서 한국인들의 재벌공포증과 재벌을 선망하고 재벌에게 의존하려는 경향은 '21세기형 박정희 숭배 현상'이라고 해야 할 것이다.

지금까지 살펴본 것 이외에도 풍요-불화사회는 자기존중 욕구 등 수많은 욕구를 좌절시킨다. 건전한 욕구의 반복적이고 심각한 좌절은 반드시 정신건강을 악화시킨다. 그것이 어떤 것이든 간에 마음의 병 혹은 정신질환은 중요한 욕구의 반복적인 좌절에서부터 시작된다. 반복적인 욕구 조절로 인해 부정적인 감정이 비대해지고 임계점을 넘을 정도로 심각해져 고통을 견딜 수 없게 되면, 사람은 그 감정이나 고통의 방어에 전념하게 된다. 그 결과 지식이나 신념을 조작(합리화)하거나 이상행동 등을 하게 되는데, 그것이 바로 마음의 병이다.

직장 상사한테 매일같이 인격적 모욕과 폭언을 당하는 사람을 한번 떠올려보자. 그 역시 사람이니만큼 그에게는 반드시 실현되어야만 하는 자유의 욕구나 존중받으려는 욕구 등이 있을 것이다. 하지만 그 욕구는 심각하게, 그리고 반복적으로 좌절당한다. 사람은 욕구가 충족되면 긍정적인 감정을 체험하지만 반대의 경우에는 부정적인 감정을 체험하므로 그런 그의 마음속에는 좌절감, 수치감, 모욕감, 자기혐오, 분노, 무력감 같은 부정적인 감정들이 비대해질 것이다. 만일 그 감정들이 임계점을 넘으면 그는 만성적으로 무력감에 시달려 심신이 피폐해지는 것은 물론이고 직장 상사의 자그마한 눈짓이나 질책에도 가슴이 덜컹 내려앉을 정도로 정신이 허약해질 것이다. 무력감은 감당하기 힘든 정신적 고통을 주기 때문에 그는 이를 방어하는 데 자신의 모든 에너지를 집중하게 된다. 그 결과 '사실 그분은 좋은 분이야, 나를 사랑해서 잘되라고 그러시는 거야', '나는 혼날 만해, 내가 직장 상사였어도 나를 싫어했을 거야'라는 식으로 자신의 무력한 처지를 합리화하는 등 지식이나 사고를 조작하고 직장 상사에게 더욱 저자세를 취하고 의존하며 나아가 찬양하고 숭배하기 시작한다. 피학대 심리의 중요 요인인 무력감이 학대자를 미화하고 피학대자인 자신을 평가절하한다는 것은 스톡홀름신드롬 연구를 비롯한 여러 연구에 의해 확증되었다. 위에서 언급한 예가 다소 도식적이기는 하지만 이를 통해 중요한 욕구의 반복적인 좌절은 모든 심리적 문제의 출발점이자 정신건강 악화의 1차 원인임을 알 수 있다.

공동체의 집단치유 능력

|

화목한 사회에서 살아가는 사람들의 정신건강이 양호한 것은 관계의 질과 더불어 공동체의 집단치유 능력과도 관련이 있다. 기쁨은 나눌수록 커지고 슬픔은 나눌수록 작아진다는 말이 시사해주듯 공동체는 강력한 치유 능력이 있다. 그러니 공동체에 참여하는 사람이 그렇지 않은 사람보다 마음과 몸이 건강하고, 공동체가 튼튼한 사회는 붕괴된 사회보다 건강 수준이 높다.

여러 연구에 따르면 사회적으로 활발한 사람이 더 오래 살며, 다양한 방식으로 사회에 통합된 사람이 더 건강하다. 또한 배우자가 있는 사람이 미혼, 사별, 이혼 등으로 혼자가 된 사람보다 사망률이 낮다는 것은 오래전부터 학계에 잘 알려져 있다. 그런데 대부분이 빈곤층인 미국 내 히스패닉계를 대상으로 한 연구에서는 그들의 건강 수준이 미국 내 비히스패닉계와 견줄 만큼 높게 나타났다. 이런 의외의 결과는 사회적 위계가 낮은 집단일수록 건강 수준이 낮다는 일반적인 법칙에 반하고 있어서 '히스패닉의 역설'이라고도 불린다. 그 이유는 무엇일까? 연구자들은 그들이 그들만의 거주 지역에 모여 살면서 좀 더 넓은 지역공동체와 구분된 언어를 사용해왔기 때문이라고 결론지었다. 지금의 논의에 기초해 말하자면, 히스패닉계 공동체의 집단치유 효과 덕분이라는 것이다. 앞에서 대인관계가 양호한 사람들이 병에서 더 빨리 회복했다는 연구를 소개한 바 있는데, 그것 역시 공동체의 집단치유 덕분이라고 할 수 있다.

화목한 사회란 작은 공동체들은 물론이고 계급이나 국가와 같은 거대한 공동체도 튼튼한 사회라고 할 수 있다. 가난-불화사회로 분류되는 경우에도 대체로 계급 공동체는 물론이고 위계 내 공동체들도 튼튼한 편이다. 반면에 풍요-불화사회에서는 위계 간 불화와 위계 내 불화로 거의 모든 공동체가 붕괴된다. 한국의 경우 1990년대를 거치면서 거의 모든 공동체가 붕괴했다고 말할 수 있다. 가장 강력한 치유력을 가진 이들은 동병상련의 처지, 동일한 사회적 처지에 있는 사람들이다. 즉 동일한 위계의 사람들이 가장 강력한 치유력을 가진다는 것이다. 조선시대의 경우 지주한테 괴롭힘을 당한 소작농의 상처는 같은 소작농들이 가장 잘 치유해줄 수 있었다. 동료 소작농들에게 공감 어린 위로와 격려를 받고, 같이 지주를 비난하다 보면 마음속 응어리가 풀렸다. 그래도 치유되지 않을 정도로 심각하면 소작농들이 힘을 합쳐 소작쟁의를 일으킴으로써 상처를 치유하기도 했다.

오늘날 심리치료에서 동질의 사람들로 치료 집단을 구성하는 이유도 이와 같다. 술을 안 먹는 사람과 알코올 중독자를 섞어서 치료 집단을 구성하면 서로의 처지나 어려움을 이해하기 어려워 제대로 된 위로나 공감, 조언을 하기가 힘들다. 풍요-불화사회는 다층적 위계화로 큰 공동체가 붕괴되는 것은 물론이고 위계 내 불화로 소규모 공동체들까지도 붕괴된다. 마음을 치유할 곳이 없어진 사람들은 할 수 없이 돈을 들고 심리상담사를 찾아간다. 하지만 건강한 공동체가 심리상담보다 훨씬 더 강력한 치유력을 가지고 있다. 한국인들의 정신을 건강하게 만드는 가장 효과적이고 확실한 방법은 심리치료 산업이나 힐링 산업이 아니라 공동체를 복원하는 것이다.

공동체는 강력한 치유력뿐만 아니라 범죄와 같은 부도덕하고 반사회적인 성향을 억제하는 도덕적 힘도 가지고 있다. 공동체는 사람들의 부도덕한 행동을 억제하고 통제할 수 있고 실제로도 그렇게 하고 있다. 도덕적인 심리와 행동에 가장 큰 영향을 미치는 두 가지는 양심과 사회의 도덕적 평가이다.

리처드 윌킨슨의 《건강불평등》에 소개된 연구에 따르면 미국에서 젊은 남성들에게 '만약 당신이 체포되었다면 가장 중요하게 생각되는 것이 무엇이겠는가'라는 질문을 하자 상당수가 가족과 여자친구의 시선과 법정에 출두하여 만천하에 자신이 공개된다는 사실, 그로 인한 수치심이라고 답변했다. 체포당하는 것을 처벌이라 생각한다고 답변한 사람은 6분의 1에도 못 미쳤다. 이 연구는 사람들이 가장 두려워하는 것이 처벌이 아니라 사회의 도덕적 평가라는 것을 보여준다.

어떤 이들은 강력한 처벌이 부도덕한 행동이나 범죄를 예방하는 데 가장 효과적이라고 믿지만 그렇지 않다. 브레스웨이트는《범죄, 수치심 그리고 회복》에서 "친척이나 친구들 혹은 개인적으로 관계 맺고 있는 집단이 가하는 제재는 이보다 멀리 떨어져 있는 사법기관이 가하는 제재보다 범죄행위에 더 많은 영향을 끼치는 것 같다"고 말한다. 강력한 처벌과 낮은 범죄율이 상호 비례한다는 증거가 거의 없다는 말이다.

공동체 붕괴는 정신건강 악화와 도덕적 타락, 나아가 범죄 등으로 귀결된다. 공동체가 가장 강력한 치유력을 가진 집단치유 단위이고, 공동체의 성원들이 도덕적으로 사고하고 행동하도록 이끌어주는 사회적 힘의 원천지이기 때문이다. 이것은 공동체에 소속되지 않은 사람들은 마음을 치유할 기회가 제공되지 않아 고통은 더 악화되며, 그 결과 사람들이 부도덕하고 반사회적으로 될 때 사회가 그들을 억제할 도덕적 힘을 상실한다는 것을 의미한다.

마지막 정신적 보루가 무너지고 있다

오늘날 풍요-불화사회에서의 정신건강 악화는 가정에서부터 시작된다. 사회가 엉망진창이더라도 가정 공동체가 건강하다면 그 사회의 정신건강 수준은 극단적으로 나빠지지는 않는다. 하지만 가정마저 건강하지 않다면 그 사회의 정신건강 수준은 극단적으로 나쁠 수밖에 없다.

인간 심리는 가정에서부터, 즉 어린 시절에 기본적인 틀이 만들어진다. 심리치료에서 어린 시절의 상처를 대단히 중요시하는 것은 이 때문이다. 어린 시절의 상처는 사회생활 중에 치유될 수 있고 더 악화될 수도 있다. 어렸을 때 마음의 상처를 갖게 된 사람이 이후 어떤 사회에서 어떤 삶을 살아가는가에 따라 그 상처는 아물 수도 있고 더 심해질 수도 있다는 것이다.

가정 붕괴는 사람들의 정신건강을 어린 시절부터 악화시킴으로써 전 사회의 정신건강을 심각하게 파괴한다. 가정 붕괴로 가장 큰 피해를 당하는 것은 아이들이다. 한국방정환재단과 연세대 사회발전연구소(2014년)에 의하면 한국 청소년의 주관적 행복지수는 OECD 23개 회원국 중에서 꼴찌이다. 한국에서는 10~19세의 아동 청소년 사망 원인 가운데 자살이 1위를 차지한 지 오래다. 또한 정신질환 진단을 받은 아이들이 2006년의 2,500여 명에서 2014년에 1만 5,025명으로 6배 이상 증가했다. 이것은 공식적으로 등록된 통계에 기초한 수치이므로 아이들의 실제 정신건강은 훨씬 더 나쁘다고 보아야 할 것이다.

심리학자 팀 캐서의 다국적 연구에 의하면 위계화된 사회보다는 평등한 국가, 지배보다는 조화에 가치를 부여하는 국가의 어린이들이 더 행복하다. 또한 불평등이 심화된 국가에서는 아동 행복지수가 낮아진 반면 불평등이 완화된 국가에서는 높아지는 경향을 발견했다.

풍요-불화사회는 병든 사회, 대부분의 사람들을 정신적으로 병들게 만드는 반인간적인 사회이다. 그리고 가장 큰 피해자는 최약자인 아이들이다. 이런 사회에서 살아가는 아이들의 정신건강과 행복 수준은 전반적으로 낮다. 아동기의 정신건강과 행복 수준은 학습을 비롯한 각종 성취, 대인관계, 사회생활 등에도 커다란 영향을 미친다. 한마디로 어릴 때 불행했던 아이에게는 그렇지 않은 아이에 비해 훨씬 더 암울한 미래가 기다리고 있다.

풍요-불화사회는 상처를 치유하는 게 아니라 상처를 무조건 악화시키는 사회이다. 그러다 보니 사회개혁에는 별 관심이 없거나 그 주제를 회피하는 주류 심리학은 과도하게 어린 시절의 상처만 강조한다. 사회에 나가면 어차피 망가질 게 뻔하니 어렸을 때라도 잘 챙겨서 사회에 내보내야 그나마 덜할 것이기 때문이다. 물론 어린 시절은, 집을 짓는 것에 비유하자면 기초공사에 해당되므로, 그 중요성은 아무리 강조해도 지나치지 않다.

하지만 어린 시절의 중요성을 반복해 강조하고 부모들을 교육한다고 해서 풍요-불화사회에서 살아가는 사람들의 상처를 예방하거나 근절할 수는 없다. 오늘날 현대인들이 어릴 때부터 가정에서 상처를 떠안고 사회생활을 시작하는 것은 사회가 병들어서다. 사회가 병들면 어른들, 즉 부모들이 병들고 그 부모들이 꾸리는 가정 역시 병들기 마련이다. 이런 사회에서 태어나는 아이

들이 마음의 상처 없이 어린 시절을 통과하기란 점점 더 드문 일
이 될 수밖에 없다.

1. 가정 공동체 붕괴의 의미

풍요-불화사회에서는 가정 공동체도 붕괴된다. 가정 공동체의
붕괴는 사람들이 의지할 수 있는 최후의 보루, 최후의 정신적 안
식처가 사라진다는 것을 의미한다. 상대적인 가난-화목사회는
큰 공동체는 붕괴되더라도 소규모 공동체와 가정 공동체는 그
나마 온전히 보존되는 경우가 많다. 그래서 과거에는 사회생활
을 하며 불안해진 이들은 가정에서 어느 정도 불안 수준을 낮추
고 마음의 상처를 치유할 수 있었다. 오늘날에는 한국 사회에서
취업을 하지 못한 청년들이 고독사하는 사례가 계속 증가하고
있는데, 가정이 사랑과 지지를 제공하는 건강한 공동체의 역할
을 하지 못하기 때문이다.

과거의 가정, 특히 대가족 제도하의 가정은 정서적 안정과 치
유 역할을 담당하는 동시에 실질적인 복지 단위로 기능했다. 대
가족 제도에서는 가구 구성원들의 개인적 소득이 대가족의 공동
생활비로 사용되었고, 서로가 물질적 복지에 대한 의무를 갖기
때문이다.

과거 대가족 제도 속에서 살아가던 사람들은 적어도 혼자서만
밥을 굶는 일은 없었다. 가족 전체가 굶주리는 일은 있어도 가족

중 누구는 배불리 먹고 누구는 굶는 일도 거의 없었다. 이것은 과거의 마을 공동체나 가족 공동체가 오늘날의 사회안전망 역할을 했다는 것, 비유하자면 가족 공동체가 그 구성원들에게 최소한의 기본소득을 제공했다는 것을 의미한다. 그래서 과거에는 사람들이 굶어 죽을 위기에 처하면 조건 없이 밥을 먹여주는 고향으로 돌아가곤 했다.

오늘날 사회안전망이 취약한 사회에서 가정 공동체의 붕괴는 최후의 복지 단위가 사라지는 것과 마찬가지다. 비유하자면 과거의 가난한 사회는 가정이 최소한의 기본소득을 보장해주었지만, 오늘날의 풍요-불화사회는 국가는 물론이고 가정도 최소한의 기본소득을 보장해주지 않는다. 사람들이 심리적 안정감이나 안전감을 가지지 못하며, 존중 불안만이 아니라 생존 불안까지 매우 높은 이유는 사회안전망 역할을 했던 가정이 붕괴되었기 때문이다.

위계에 의한 학대의 만연과 현대의 핵가족 제도는 가정 공동체의 붕괴로 인한 악영향을 한층 증폭시킨다. 핵가족 제도에서 가족부양의 책임은 대부분 가장의 어깨 위에 지워진다. 가장은 자신이 돈을 벌지 못하면 온 가족이 굶거나 길거리에 나앉게 된다는 두려움을 떠안고 사회생활을 하기 때문에 위계에 의한 학대나 갑질에 저항하지 못한다. 자신의 존엄을 지키기 위해 저항을 하면 가족의 생존이 위태로워질 수 있기 때문이다. 이런 과정이 반복되면서 가장의 마음은 병든다. 마음이 병든 가장은 집에서 아내와 자식들을 괴롭힌다. 이런 식으로 "부모가 겪은 역경은 부모의 정신적 고충, 긴 노동시간, 많은 부채와 가정불화 같은 경로를 통해 자녀에게 전해진다." 병든 사회가 부모를 병들게 만들면 부부 사이는 나빠지고 아이들의 마음에는 상처가 생긴다. 또한 "가정에서 겪게 되는 소외와 재정적·사회적 불안정 때문에 가정은 오히려 바깥 세계보다 더 많은 스트레스를 일으키는 전쟁터로 전락했다"는 말처럼, 오늘날 상당수의 가정은 화목한 공동체가 아닌 서로의 마음을 마구 할퀴어대는 정신건강 파괴의 진원지가 되고 있다.

2. 부부 관계 악화와 아동학대

존중 불안이나 위계 불안 등은 청춘 남녀라고 해서 비껴가지 않는다. 불안에 사로잡힌 청년들은 결혼을 위계 상승의 기회 혹은 계약으로 간주한다. 결혼이 불안을 방어하는 수단으로 전락한 것이다.

불안에 사로잡힌 남성은 여성에게 자신이 높은 위계에 있다거나 위계 상승을 할 수 있는 능력이 있다고 과시한다. 자신이 실제보다 돈을 더 많이 버는 것처럼 허세를 부리기도 한다. 그래야 괜찮은 배우자를 만날 확률이 높아질 뿐만 아니라 위계 상승에도 유리하니까. 불안에 사로잡힌 여성은 최소한 자신의 위계보다는 한 계단이라도 높은 위계에 있는 남성, 위계 상승 능력이 있는 남성, 자신의 위계까지 덩달아 높아질 수 있는 남성을 선호한다. 한마디로 여성들의 '능력 있는 남자가 좋다'라는 말은 사랑의 능력이나 사회에 기여하는 능력이 아니라 돈 버는 능력을 의미한다.

존중 불안이나 위계 불안 등은 젊은 남녀가 건강하게 사랑하고 결합하는 것을 방해한다. 한국의 청년들이 돈 문제, 즉 생존 불안과 존중 불안에서 자유로워진다면 훨씬 더 좋은 연애와 결혼은 물론이고 결혼한 이후에도 부부 갈등이 크게 줄어들 것이다.

부모들의 정신건강 악화도 부부 관계를 악화시키는 주범 중 하나이다. 여러 연구에 의하면 소득불평등 수준이 심각한 사회일수록 우울증과 불안, 약물 및 알코올 중독을 비롯한 정신질환에 시달리는 부모 비율이 높다.

많은 심리학 연구는 가정불화가 자식들에게 치명적인 악영향을 미친다는 것을 보여준다. 스웨덴에서 실시한 연구에 의하면 30~75세 사망률 증가의 50퍼센트 이상이 아동기의 가정불화와 관계가 있고, 아동기에 가정불화를 경험한 사람들이 같은 시기에 경제적 궁핍을 겪었던 사람들보다 성년기 사망률이 더 높다.

가정 붕괴나 가정불화는 아동학대의 주요한 원인 중 하나이다. 한국은 물리적, 정서적 학대뿐 아니라 아이들에게 놀이 박탈과 사교육을 강요하는 아동학대 공화국이다. 참고로 서구 사회를 대상으로 한 연구들에 의하면 아동학대의 가장 큰 원인은 부부 문제, 빚, 실업이라고 한다.

가정이 화목하면 어릴 때의 가난은 그다지 큰 문제가 되지 않는다. 하지만 어릴 때 물질적으로 풍요로웠더라도 가정불화가 있으면 큰 문제가 되기 마련이다. 사람의 건강과 행복에는 화목이 풍요보다 더 중요하다는 것, 즉 가난-화목사회가 풍요-불화사회보다 더 나은 사회라는 법칙이 가정에서도 통용되는 것이다.

3. 부모 자식 관계 악화와 정신건강

에리히 프롬은 부모가 사회의 대리인이라고 강조한 바 있다. 풍요-불화사회에서 살아가는 부모들은 존중 불안, 위계 불안 등에 사로잡혀 있다. 따라서 자식을 많이 사랑하는 부모일지라도 자식이 공부를 못하는 것만큼은 견딜 수 없다. 자식이 공부를 못한다는 것은 훗날 낮은 위계의 삶을 살 수도 있다는 것을 의미하는데, 무엇보다 그런 삶이 초래하는 고통과 불안이 얼마나 끔찍한지 너무나 잘 알고 있기 때문이다.

또한 자식의 위계가 노년기 부부의 사회적 평가를 좌우한다는 걸 너무나 잘 알고 있다. 다시 말해 자식이 공부를 못하면 훗날 부부의 위계가 추락하는 것이다. 부모들은 이런 이유로 자식에게 공부를 강요하고 더 좋은 대학에 보내기 위해 할 수 있는 모든 짓을 다 하려고 한다. "미친 짓이라는 건 알지만, 그렇다고 우리 아이만 낙오시킬 수는 없다"는 한 미국인 부모의 한탄은 한국과 다르지 않다. 풍요-불화사회의 부모들은 존중 불안 등으로 어쩔 수 없이 자식 교육에 올인하고 있다.

이런 사회에서 살아온 일부 부모들은 학교 성적으로 자식의 위계를 판단해 낮은 위계 사람들을 대하듯 자식에게 경멸과 비난을 퍼붓고 때로는 폭력까지 행사한다. 아빠는 돈 버는 기계, 엄마는 공부시키는 기계, 아이는 공부하는 기계라는 자조적인 말이 나올 정도로 오늘날 한국 사회에서의 가정 붕괴는 심각하다.

가정 공동체에 돈 문제, 즉 경제적 의존 관계가 침투하면 부모와 자식 간의 관계는 반드시 악화된다. 부모가 사교육비 등 자식의 양육과 성장을 전적으로 책임져야 하는 사회에서 자식들은 돈 없는 부모를 원망하기 쉽다. 재벌 부모까지는 바라지 않더라도 돈으로 자신을 뒷바라지해주지 못하는 부모에게 원망이 쌓일 수 있다. 이것은 위계가 낮을수록 자식의 부모 원망이 더 심하고 그 결과 부모 자식 관계가 더 나빠질 수 있음을 의미한다. 미국에서 수많은 청년을 인터뷰했던 한 연구자도 "가족으로부터 별다른 지원을 받지 못하고 고군분투하는 젊은이들에게서 원망과 분노 섞인 말을 자주 들을 수 있었다. 그들은 주변에서 자신들보다 더 좋은 환경에 있는 사람들이 부모로부터 많은 도움을 받고, 그래서 나중에 자신들과 전혀 다른 길을 걷고 있는 것을 지켜보면서 속으로 부모를 많이 원망했다"고 말했다.

자식이 청소년기를 넘어서면서부터 부모와의 관계는 더 독립적이어야 한다. 하지만 국가가 아닌 부모가 자식을 경제적으로 뒷바라지해야만 하는 사회에서는 자식들이 성장하는 데 따라 부모에게 경제적으로 더 많이 의존한다. 초등학교 시기보다는 중고등학교 시기에, 중고등학교 시기보다는 대학교 시기에 돈이 더 많이 들기 때문에 나이가 들수록 독립은커녕 부모한테 더 많이 의존하는 것이다. 경제적 의존은 심리적 독립과 양립할 수 없다. 부모에게 의존해야만 고등교육을 받을 수 있고 취업할 수 있는 사회는 자식의 심리발달을 방해하고 부모 자식 관계를 악화시킨다.

앞에서도 살펴보았지만 사랑과 존중의 관계는 평등을 전제로 한다. 경제적 의존은 평등 관계를 파괴하고 지배-종속, 지배-의존 관계를 낳는다. 인간관계에 돈이 침투하거나 영향을 미치면 건강한 관계가 될 수 없다. 한국의 부모들이 자식의 진로나 인생에 간섭할 권리가 있다고 믿거나 자식을 소유물 대하듯이 하는 것은 자신이 힘겹게 번 돈을 투자한 자식에게 보상을 바라거나 그 대가로 지배권을 행사하려고 하기 때문이다. 부모가 고생하면서 자신을 뒷바라지했음을 알고 있는 자식들은 마음이 편할까? 당연히 그렇지 않다. 부모의 희생으로 심리적 부채감을 떠안은 자식들은 빚진 노예가 되어버린다. 자식들이 부모에게 편하게 말하지 못하고, 부모의 잘못된 요구를 거역할 때 죄책감을 느끼는 것은 이 때문이다. 결론적으로 한국의 부모들이 자식에게 권위적인 이유는 경제적 의존 관계가 초래하는 부모와 자식의 건강하지 못한 심리가 영향을 줬다고 할 수 있다.

가난할수록 부모 자식 관계가 나빠질 가능성이 높지만, 돈이 많은 부모라고 해서 자식들과 잘 지내는 것은 아니다. 가난한 부모들은 자식에게 원망을 사고 심한 경우 부모의 영향력을 상실하기도 한다. 반면에 부유한 부모들은 자식한테 돈을 넘치도록 살포할 수 있지만, 그만큼 자식을 지배하려는 경향도 심하다. 한국의 영화나 드라마에는 부잣집이나 재벌가 부모들이 자식들을 함부로 대하는 장면이 자주 나온다. 그들은 자식에게 돈을 많이 퍼부은 만큼 자식을 지배할 권리가 있다고 착각한다. 또한 다층적 위계 사회에서는 부자들이라고 권위주의적 성향에서 자유로운 것도 아니다. 풍요-불화사회에서는 높은 위계의 부유한 가정이어도 부모 자식 관계는 순탄치 않다. 풍요한 가정의 자식들은 자신을 사랑해주지 않고 독재를 일삼는 부모를 미워하고 원망하며 심지어 부모가 죽어서 유산을 빨리 물려받기를 바라기도 한다.

병든 사회에서 가정이 병들지 않기를 바라는 것은 독을 푼 연못 속 물고기들이 건강하기를 기대하는 것과 같다. 과거 주류 심리학은 사람들의 정신건강이 나빠지면 주로 개인 탓을 했다. 현대 심리학은 가정, 특히 부모를 탓한다. 부모가 아이들에게 상처를 줘서 정신건강이 나빠지는 것이라고 훈계하는 것이다. 하지만 부모 교육만으로는 절대로 아이들의 상처를 예방할 수 없다. 부모들을 불안하게 하는 사회, 부모들을 병들게 하는 사회가 바뀌지 않는데 어떻게 부모들이 자식을 잘 키울 수 있겠는가.

4. 위계 세습과 가정에서부터 시작되는 학대

오늘날 풍요-불화사회에서의 위계는 단순히 성인기의 소득격차에서 비롯한 것이 아니라 어린 시절에 결정되고 세습되고 있다. 즉 위계에 따른 아동기의 정신건강과 행복 수준의 차이는 위계를 세습시킬 가능성이 높다는 것이다. 경제학자 스티글리츠는 "부모의 소득 및 교육의 불평등은 교육기회의 불평등으로 직접 전환된다. 그러나 기회의 불평등이 시작되는 것은 취학 이전부터다. 가난한 사람들은 출생 직전과 출생 직후에 이미 영양 섭취 및 환경오염 물질 노출과 관련한 격차에 직면하는데, 이 영향은 평생토록 지속되는 경향이 있다. 따라서 가난한 집에서 태어난 사람들은 경제학자들이 흔히 말하는 '빈곤의 덫'에서 헤어나기가 대단히 어렵다"고 말했다.

풍요-불화사회에서 학교에서의 집단 괴롭힘, 왕따는 가정 붕괴와 더불어 아동 청소년의 정신건강을 파괴하는 주요한 원인으로 떠오른 지 오래다. 이 사회에서 살아가는 사람들은 아동기부터 왕따를 경험하면서 고통스럽게 사회생활을 시작한다. 모방성이 강한 아동기의 아이들은 어른들을 마치 사진기처럼 모방한다. 어른들이 위계에 따라 약자를 학대한다면 아이들 역시 학교에서 그럴 것이다. 그 결과가 바로 아이들 사이에 만연해 있는 왕따나 약자 괴롭히기 문화다.

세계보건기구 자료에 의하면 불평등이 심한 사회에서 한 달에 두 차례 이상 집단 괴롭힘에 연루된 어린이의 비율은 불평등이 비교적 덜한 사회보다 최대 10배 정도나 높다. 가정이 아이들을 망가뜨려 학교에 보내면, 학교는 왕따로 아이들을 더 망가뜨려 사회에 내보낸다. 그러면 사회는 위계 간 학대와 위계 내 학대로 사람들을 더 망가뜨린다. 풍요-불화사회에서 온전한 정신으로 살아갈 수 있는 사람들은 과연 얼마나 될까?

사회를 보면 개개인의 정신질환이 보인다

정신질환은 풍요-불화사회의 전유물이다. 정신질환이 부유한 나라의 전형적인 사회병리 현상이라는 것은 여러 연구에서 확인되고 있다. 1998년에 세계보건기구가 9개 국가를 대상으로 실시한 정신건강 조사 결과에 의하면 미국인들은 100명당 25명 이상이 정신질환을 앓은 경험이 있으며, 불평등 수준과 정신질환이 거의 정확하게 비례한다. 세계보건기구의 자료에 기초해 12개 선진국을 대상으로 분석한 최근의 연구도 불평등과 정신질환이 높은 상관관계가 있다는 것을 발견했다. 즉 불평등이 심한 사회일수록 불안 관련 장애, 우울증과 조울증, 충동조절장애 등 정신질환을 앓는 사람들의 비율이 높았다. 선진국이라고 자처해온 미국에서는 정신질환자가 급증하자 언론들이 '미쳐가는 미국(The Maddening of America)'이라는 선정적인 제목의 기사들을 연속적으로 게재하기도 했다.

한국에서도 정신질환 환자는 빠른 속도로 증가하고 있다. 20대를 대상으로 실시한 국민건강보험공단의 조사에 의하면 2010년부터 2015년 사이에 우울증 환자가 13.6퍼센트 증가했고, 불안장애 환자와 강박장애 환자는 각각 30.5퍼센트, 18.7퍼센트 증가했다. 불안장애와 강박장애의 주요한 원인은 불안이고, 우울증 역시 불안과 밀접한 관련이 있다. 선진국으로 일컬어지는 풍요-불화사회는 생존 불안이 심한 편인 데다 존중 불안이 극대화된 사회이다. 따라서 불안과 관련된 각종 정신질환의 증가는 너무나 당연한 결과라고 할 수 있다.

21세기형 불화사회는 위계가 낮을수록 불안 수준이 더 높아져 정신질환 발병률도 더 높을 것이라고 합리적으로 추정할 수 있다. 이런 추정이 사실임은 여러 연구에서 확인된다. 2007년 영국에서 실시한 정신질환 조사에 의하면 가계 소득이 하위 20퍼센트에 속하는 사람은 상위 20퍼센트에 속하는 사람에 비해

'일반적인 정신질환'을 앓을 가능성이 더 높았고, 소득 최하위 집단에 속한 남성이 소득 상위 집단에 속한 남성보다 정신건강에 문제가 있을 가능성이 3배나 높았다. 특히 우울증에서 가장 극심한 차이가 나타났는데, 소득 최하위 집단에 속한 남성이 최상위에 속한 남성에 비해 우울증을 앓을 가능성은 35배나 높았다.

정신과 의사인 낸시 애들러는 30~46세 사이의 백인 여성 157명에게 자신의 사회경제적 지위가 10단계 중 몇 단계에 속하는지 답하게 하고는 그들의 부정적 감정, 비관주의, 위기대처 자세 등을 조사했다. 또한 본인이 느끼는 스트레스의 정도와 실제 스트레스 사이의 상관관계를 조사하기 위해 코르티솔 수치도 측정했다. 그 결과 자신의 사회적 지위가 높다고 여기는 사람일수록 수면시간이 짧고 심장박동이 안정적이며 복부비만도 적었다. 이것은 스트레스를 적게 받는다는 것을 의미한다. 반면에 자신을 가난하다고 여기는 사람들은 만성 스트레스에 시달렸고 삶에 비관적이고 회의적이었다.

인류 역사상 불안이 가장 심한 풍요-불안사회에서는 불안과 관련된 정신질환은 물론이고 우울증을 앓는 사람도 빠르게 증가하고 있다. 우울증은 존중 불안과 아주 밀접한 정신질환이다. 위계에 따라 원숭이들의 세로토닌 수치를 측정한 연구들은 우울증이 존중 불안과 관련이 있음을 시사해준다. 위계와 비례한다는 이유로 세로토닌은 '사회적 지위 호르몬'으로 간주된다. 우울증에 걸리거나 사회적 지위가 낮은 원숭이들에게는 그 수치가 매우 낮았고, 서열이 높은 원숭이들은 수치가 높았다. 이런 연구결과는 우울증이 위계로 인한 존중불안과 관련이 있을 수 있음을 시사해준다.

우울증에서 가장 특징적인 두 가지 감정은 슬픔과 분노다. 슬픔은 귀중한 대상, 사랑의 대상을 상실할 때 전형적으로 체험하는 감정이다. 부모한테 사랑받지 못하는 아이는 부모라는 귀중한 대상 혹은 사랑의 대상을 상실해 슬퍼한다. 분노는 주요한 욕구가 좌절되면 즉각적으로 체험하는 감정이다. 부모에게 사랑의 욕구나 존중의 욕구 등이 좌절된 아이는 분노한다. 표출되지 못한 분노는 탈출구를 잃어 결국 자신에게 향한다. 그 결과 아이는 자기 개념이 손상되고 자존감이 추락한다.

이런 과정이 지속되면 자신은 사랑받을 수 없는 존재라고 믿게 되고 대인관계를 기피한다. 심리적, 사회적으로 고립되면 더욱 우울해진다. 우울증의 핵심 발병 기제는 화를 표출하지 못하고 내면화하는 것이다. 분노의 정당한 표출, 즉 분노를 유발한 대상을 향해 화를 내지 못하는 현상은 21세기형 불화사회에서 가장 심할 수밖에 없다. 불평등한 관계는 사람들의 분노를 밖이 아닌 안으로 향하게 만들고, 존중받지 못하는 경험의 반복은 사랑의 대상 상실을 가속화한다.

이런 사회에서 우울증이 널리 확산되는 것은 필연이다. 사람에게는 귀중한 대상, 특히 사랑의 대상이 절대적으로 필요하다. 그 존재는 나를 사랑해주고 존중해줄 것이므로 존중 불안을 크게 완화해준다. 거꾸로 말하면 귀중한 대상이 없는 사람들은 우울증을 피하기 어렵다는 것을 의미한다.

조현병을 앓는 사람들도 지속적으로 증가하고 있다. 조현병의 주요 증상에는 환청과 망상 등이 포함된다. 세계보건기구의 데이터와 50개국의 약 25만 명을 대상으로 진단학적 면담을 실시한 연구에 의하면 환청이나 망상의 주요한 내용은 사람들이 자신에게 너무 관심이 많다거나 자신을 해치려고 음모를 꾸미는 것 같은 느낌, 타인이나 미지의 세력이 자신의 생각을 조종한다는 느낌 등이었다. 이런 증상들은 불평등한 국가일수록 더 흔하고 심각했다.

사람들이 나를 주목한다, 나에게 너무 관심이 많다는 등의 망상은 존중 불안(특히 학대 불안), 그리고 파생 불안인 위계 불안, 평가 불안(비난 불안) 등과 밀접한 관계가 있다.

조현병 환자들은 타인이 자신에게 관심을 두는 것을 두려워하는데, 이는 자신을 비난하고 무시한다고 믿기 때문이다. 이런 망상은 존중 불안의 주요 내용인 학대 불안과 추방 불안, 그리고 위계 불안 등과 큰 관련이 있다.

타인이나 미지의 세력이 생각을 조종하고 있다는 사고 조종 망상은 극심한 무력감의 결과인 동시에 평가 불안을 방어하기 위한 자기 연출과도 관련이 있다. 자기 연출이나 연극을 자주 하다 보면 자기가 가짜인 것처럼 느껴질 수 있다. 가짜인 나는 내가 아니다. 따라서 가짜인 나는 진짜인 나에게 위협적이고 몹시 거추장스러우며 혐오 대상이 될 수밖에 없다. 이 가짜를 내가 스스로 만들었다고 인정하는 것은 너무나 괴로울 것이다. 또한 진정한 내가 존재하지 않는다거나 내가 가짜를 없애지 못한다는 사실을 직면하면 너무나 끔찍할 것이다. 이로부터 사람들은 가짜를 어떤 미지의 존재가 만들었으며, 그 존재가 자신을 통제하고 있다고 믿게 된다.

한국에서는 조현병 환자들의 피해망상 내용이 극적으로 변화했다. 1990년대까지만 해도 대부분의 피해망상은 냉전적 불안과 관련이 있었다. 예를 들면 간첩이 자신을 죽이려고 한다거나 안기부(현 국정원)가 자신의 귀에 도청장치를 심어놨다는 등이다. 이것은 당시 한국 사회가 가난-화목사회여서 사람들 사이의 존중 불안은 그리 심하지 않았던 반면, 남과 북 사이의 냉전적 대립이 해소되지 않아 분단과 관련된 불안이 주요 내용이었다는 것을 보여준다.

2000년 6·15 남북 공동선언을 기점으로 한국인들의 피해망상은 극적으로 변화한다. 냉전적 피해망상은 거의 자취를 감추고 대인관계와 관련된 피해망상이 주류를 이루게 되었다. 이것은 2000년 대부터 한국 사회가 본격적으로 풍요-불화사회로 진입함에 따라 존중 불안이 극심해진 반면 분단과 관련된 불안은 과거에 비해 크게 약화된 것과 관련이 있다.

아이들의 모방 행동과 마찬가지로 피해망상의 내용은 그 사회를 비추는 정직한 거울이다. 즉 조현병 환자들의 피해망상은 통제나 조작이 불가능한 그 사회의 모습을 그대로 비춰주는 거울이라는 것이다. 이런 점에서 조현병 환자들의 망상이 대부분 대인관계와 관련된 불안을 표현한다는 것은 높은 존중 불안 수준을 잘 보여준다고 말할 수 있다.

여기에서는 불안과 관련된 장애, 우울증, 조현병만 간략히 살펴보았지만, 풍요-불화사회에서는 온갖 종류의 정신질환이 기승을 부린다. 정신질환의 가짓수도 계속 늘어나 해마다 새로운 정신질환에 대한 진단명을 추가할 정도이다. 그러나 거의 모든 정신질환의 궁극적인 근원은 불화이다. 현재의 풍요-불화사회를 풍요-화목사회로 개혁하지 못하는 한 정신질환의 양적 증가와 다양한 변종화 추세는 근절되지 않을 것이다.

4장

존중받기 위해 돈을
욕망하는 사람들

과도한 소유나 소비 욕구, 과시적 소비는 인간의 본성과는 무관하며, 풍요-불화사회가 강요한 병적인 욕구이자 사회현상일 뿐이다. 사람들은 존중받지 못할까 봐, 남에게 뒤처질까 봐, 그리고 우월적 쾌감을 느끼고 싶어서 돈에 집착한다.

몸이 건강하면 날마다 축구를 하면서 즐겁게 살 수 있다. 그렇지 않으면 축구는커녕 치료에 급급하다. 어떤 좋은 강의를 듣고 있는데 배가 아파온다면 내용이 하나도 귀에 들어오지 않을 것이다. 통증에 온 신경을 집중하기 때문이다. 이와 마찬가지로 불안이 너무 심해지면 사람들은 다른 것을 할 수가 없다. 불안은 사람을 너무나 고통스럽게 만들기 때문에 불안을 방어하거나 불안으로부터 도망치는 데 모든 심리적 에너지가 집중된다.

건강한 사회의 사람들은 건전하고 중요한 사회적 욕구들을 실현하기 위해 살아간다. 이웃들을 사랑하고 위해주며, 자유를 위해 연대하고 싸우며, 세상에 더 많이 기여하기 위해 살아간다는 것이다. 그러나 불안이 극심해지면 이런 건전하고 중요한 욕구들은 우선순위에서 밀려나고 불안을 방어하려는 욕구가 전면에 나서게 된다. 이것은 삶의 목적이 전도되는 것을 의미하며, 심리학적으로 말하면 바로 정신병적인 삶이다.

정신질환의 가장 큰 문제는 사람들에게 고통을 방어하기 위한 삶을 살도록 강요하는 데 있다. 피해망상이 없는 사람은 사랑을 주고받고 연대하면서 즐겁게 살아간다. 반면에 피해망상이 심한 사람은 타인들이 자신을 해칠까 봐 신경을 곤두세운 채 타인들을 피하거나 공격적으로 대하면서 고립되어 살아갈 수밖에 없다.

심리학 연구들은 성취 동기 혹은 접근 동기에 기초하는 삶은 건강하고 행복하지만, 회피 동기에 좌우되는 삶은 병적이고 불행하다는 것을 보여주고 있다. 성취 동기란 정상적이고 건전한 목표를 실현하려는 동기 혹은 그런 목표로 접근하려는 동기이다. 반면 회피 동기는 두려워하는 무엇인가를 회피하거나 혹은 그것으로부터 도망치려는 동기이다. 어떤 아이가 공부하는 것이 너무 즐겁고 지식으로 사회에 기여하기 위해 학자를 꿈꾸며 살아가는 것은 성취 동기에 기초하는 삶이다. 반면에 공부를 잘하지 못해 부모한테 사랑을 받지 못할까 봐, 부모의 바람에 따라 학자를 지망해 살아가는 것은 회피 동기에 기초하는 삶이다. 전자의 아이는 공부 과정이 즐거울 뿐만 아니라 그 결과 학자가 되면 큰 행복감을 느낄 것이다. 반면에 후자의 아이는 공부 과정도 너무 힘들고 설사 학자가 된다 하더라도 행복하지 않을 것이다. 그때 체험할 수 있는 것은 기껏해야 부모의 사랑을 잃지 않았다고 잠시 안도하거나 안심하는 것뿐이다. 무지개를 향해 나아가는 삶은 과정도 즐겁고 결과도 행복하지만, 쫓아오는 맹수로부터 도망치는 삶은 과정이 고통스럽고 결과도 허무하다.

영국의 유명한 셰프인 고든 램지는 회피 동기에 지배당하는 삶의 문제점을 "혼나지 않기 위해 냄비를 열심히 닦는 거라면 깨끗한 냄비 외에는 얻는 게 없을 것"이라고 멋지게 표현하기도 했다. 누구라도 알 수 있겠지만, 불안을 방어하기 위해 달음박질치는 삶은 회피 동기에 기초하는 삶이다. 불안을 방어하기 위해 전력 질주하는 삶에서 얻을 수 있는 최선의 결과란 기껏해야 좀 덜 불안해지는 것, 잠깐 동안 안도하거나 안심하는 것뿐이고 항상 감내해야만 하는 것은 도저히 벗어날 수 없는 불안으로 인한 끔찍한 고통이다.

생존 불안이 심하고 존중 불안은 극대화되는 풍요-불화사회 속 사람들은 오직 한 가지 목적, 즉 불안을 방어하기 위해 살아간다. 이런 사회에서 사람들은 의식적으로는 혹은 표면적으로는 부자가 되기 위해, 국회의원이 되기 위해, 멋진 집을 사기 위해 살아간다고 믿을지도 모른다. 하지만 그들의 진정한 목표, 무의식적 목표는 불안을 방어하는 것이다.

존중받기 위해 돈을 욕망하는 사람들

어떤 이는 '슬프게도 한국 사회는 돈으로 거의 모든 것을 설명할 수 있다'고 개탄했다. 그의 말처럼 오늘날의 한국인들은 마치 돈 귀신이라도 씐 것처럼 돈을 욕망하고 돈에 집착한다. 주식과 부동산이 온 국민의 관심사가 된 지 오래다. 도대체 왜 이렇게 되었을까?

사회안전망이 부실하고 저임금 노동이 만연한 사회에서 살아가는 한국인들은 생존 불안에서 자유로울 수 없다. 생존 불안에서 벗어나려면 돈이 있어야 한다. 한국인들은 이 불안에서 조금이라도 벗어나기 위해, 나아가 해방되기를 바라기에 돈을 욕망하고 돈에 집착한다. 한마디로 돈으로 생존 불안을 방어하려고 하는 것이다.

만일 한국 사회가 단지 생존 불안만 있는 사회라면, 부유한 사람들은 돈에 연연하지 않는 수준 높은 삶을 살아야 할 것이다. 그런데 '있는 놈들이 더 한다'는 말처럼 부유한 사람들이 오히려 돈을 더 욕망하고 돈에 더 집착하는 기현상을 발견할 수 있다. 생존 불안에서 상대적으로 자유로운 사람들이 오히려 돈을 더 욕망하는 건 존중 불안 때문이다. 돈, 즉 경제력이 위계인 한국 사회에서 더 많은 돈은 더 많은 존중을 의미한다.

한국 사회에서는 돈이 없으면 인간 대접을 받지 못한다. 즉 존중받지 못한다. 꽤 높은 위계에 속하더라도 자신보다 더 높은 위계로부터 존중받지 못한다. 돈을 더 벌지 못하면 현재의 위계를 유지할 수 없게 되어 인간관계에서 배제되거나 위계 집단에서 추방당할 수도 있다. 한국인들은 극대화된 존중 불안으로 자신의 소득이 얼마이든, 수중에 돈이 얼마 있든 간에 더 많은 돈을 욕망하는 저급한 삶에서 벗어나지 못한다. 존중 불안은 단지 가난한 사람들만이 아니라 모든 사람을 압도한다.

돈에 따라 위계를 정하고 그것에 기초해 사람을 차별하고 무시하는 정도는 가난한 사람들보다 부자들이 더 심하다. 부자들은 무시당하지 않기 위해, 즉 학대 불안에서 조금이라도 더 자유로워지기 위해 돈벌이에 혈안이 되어 살아간다. 한국에서는 '강남좌파'라고 불리는 진보 인사들조차도 재테크 등에 열심이다. 그들은 이미 꽤 높은 위계에 위치해 있지만, 더 높은 위계에 무시당할 수 있다는 것을 잘 알고 있다. 아래쪽 위계는 자신을 학대하지 못할 것이므로 관심 대상이 되지 않는다. 반면에 위쪽 위계 혹은 동일한 위계는 자신을 학대할 위험이 있으므로 그의 시선은 항상 위와 옆을 향하기 마련이다. 부자들이 가난한 이들보다 더 탐욕스럽고, 절제하지 못하는 것은 존중 불안 때문이다.

사람들은 항상 위쪽 위계와 비교하면서 자신이 낮은 위계에 있다는 사실을 확인할 때마다 불안해한다. 다층적 위계 사회에서는 돈이 많건 적건 모든 이가 존중 불안에 시달린다. 그 결과 사람들의 돈에 대한 욕망은 끝이 없다. 다층적 위계 사회에서 위계는 무한대에 가깝기 때문이다. 존중 불안이 심한 사회에서 사람들은 절대로 제자리에 멈춰 설 수 없다. 멈추는 순간 옆 사람들은 위로 올라가고 밑에서는 치고 올라와 자신의 위계가 추락할 수 있기 때문이다.

풍요-불화사회에서는 부자들이라고 해서 생존 불안에서 자유롭지 않다. 자본주의사회에서는, 드물게 부자들도 바닥으로 추락할 가능성이 있다. 유명 연예인들은 자신의 인기가 언제 떨어질지 몰라서 불안해하는 경우가 많다. 즉 위계 추락을 걱정하다 보면 생존 불안에까지 시달린다는 것이다. 부유한 사람들의 존중 불안은 가난한 이들보다 오히려 심하고 위계 추락 불안과 생존 불안에서도 자유롭지 않다.

한편 풍요-불화사회에서는 소유나 소비 욕구, 과시 욕구 등도 돈에 대한 욕망을 증폭시킨다. 소유나 소비 욕구는 본질적으로 존중 욕구 혹은 위계 상승 욕구라고 할 수 있다. 달리 말하면 사람들은 존중 불안이나 위계 불안을 방어하기 위해 소유하거나 소비한다. 소유물이 변변찮으면 좋은 평가를 받을 수 없고 존중받을 수 없으며 무시당할 위험이 커진다. 물론 "위계와 관련된 이유로 물건을 구매하고 싶은 충동을 느끼는 경우가 얼마나 많은지, 남에게 뒤처지지 않으려고 얼마나 많은 돈을 쓰는지 선뜻 인정하는 사람은 아무도 없다"는 윌킨슨의 말처럼, 단지 사용하기 편리하거나 취향에 맞아서 물건을 산다고 믿을 수 있다. 하지만 더 좋은 물건을 소유하고 더 좋은 식당에서 소비하는 사람들의 행동에는 그래야만 더 많은 존중이 따른다는 무의식적 판단이 깔려 있다.

값비싼 물건의 소유와 지나친 소비는 높은 위계를 상징한다. 즉 이런 소유와 소비는 타인들로부터 자신이 높은 위계의 사람이라는 평가를 끌어내는 중요한 수단이다. 사람들은 높은 위계에 소속되기 위해, 상류층에 들어가기 위해, 자신이 괜찮은 사람임을 보여주기 위해 비싼 물건을 사고 고급 호텔에 투숙한다. 스티글리츠는 《불평등의 대가》에서 "오늘날 많은 사람들이 자신의 소비 수준을 다른 사람들의 소비 수준만큼 끌어올리려는 갈망 때문에 분수에 넘치는 소비 생활을 하고, 장기간 동안 과도한 노동"을 하게 된다고 말하기도 했다.

과거의 신분제 사회와 같은 위계 정착 생활은 사라지고, 사람들이 끊임없이 유동하고 접촉하는 오늘날의 사회에서는 평가 불안이 한층 심해지고 그에 따라 위계를 드러내는 소유물의 중요성이 커졌다. 최근에 한국에서 라면만 먹고 전월세에 살면서도 외제차를 타고 다니는 이들이 많아진 것은 이와 관련된 현상이다. 풍요-불화사회에서는 존중 불안이 사라질 수 없는 만큼 위계 상승 욕구나 소유와 소비 욕구, 그리고 그 욕구를 충족시켜주는 돈에 대한 욕망은 절대로 사라지지 않는다. 윌킨슨은 《불평등 트라우마》에서 이에 대해 "어쩔 수 없이 사람들은 지쳐 쓰러질 때까지 혹은 신용한도액에 도달할 때까지 쇼핑을 한다. 이런 현상은 불안과 위계 경쟁을 유발하는 상황이 해결될 때까지, 강박적인 소비를 부추기는 불평등이 감소될 때까지 사람들의 금전 사정, 건강, 나아가 지구에까지 온갖 영향을 미치면서 계속될 것이다"고 비판하기도 했다.

풍요-불화사회에서는 과시 욕구도 돈에 대한 욕망을 증폭시킨다. 과시 욕구의 원인은 크게 세 가지이다. 첫째는 자신의 열등감을 방어하려는 욕구이고, 둘째는 더 나은 평가와 존중을 받으려는 욕구이며, 셋째는 우월적 쾌감을 체험하려는 병적인 욕구이다.

과시의 가장 큰 원인은 자기방어 욕구다. 열등감이 심한 사람은 타인들이 자신의 본모습을 알게 될까 두려워한다. 그럴 경우 당연히 자신은 낮은 평가를 받을 것이고 존중을 받지 못하며, 궁극적으로 사회에서 추방될 거라고 믿어서다. 열등감이 없는 사람은 평가 불안이나 존중 불안에서 상대적으로 자유롭다. 이런 사람에게는 과시 욕구가 거의 없다. 과시 욕구를 잘 통제하는 것이 아니라 그런 욕구 자체가 거의 없다는 것이다. 존중 불안이 극심한 풍요-불화사회는 사회적 차원에서 과시 욕구를 부추긴다. 여기에 개인적 열등감까지 가세하면 과시 욕구와 돈에 대한 욕망은 크게 증폭된다.

과시의 두 번째 원인은 더 나은 평가와 존중을 받으려는 욕구이다. 첫 번째 원인의 반대이자 동전의 양면과 같은 관계라고 할 수 있다. 과시 행위란 '나는 이렇게 괜찮고 잘난 사람이야. 그러니 제발 나를 사랑해주고 존중해줘' 같은 하소연이라고 할 수 있다. 어쨌든 풍요-불화사회에서 존중 불안에 시달리는 사람들은 과시를 통해서라도 존중받기를 원한다. 그러기 위해서는 돈이 필요하기 때문에 돈을 더 게걸스럽게 욕망한다.

과시의 세 번째 원인은 우월적 쾌감을 체험하려는 병적인 욕구이다. 앞의 두 가지도 병적이긴 하지만, 이것은 학대적 쾌감을 위해 과시한다는 점에서 가장 심각한 병적 욕구라고 말할 수 있다. 존중 불안을 방어하기 위해 그저 돈을 욕망하는 사람들도 많지만, 일부 사람들은 우월적 쾌감을 필요로 한다. 자신의 위계가 상대방보다 높다는 것을 과시하면 존중 불안 방어에 일시적으로나마 도움이 된다. 일반적인 사람들은 타인보다 우월하다는 인식을 통해 존중 불안을 방어하는 것에 만족할 뿐 적극적으로 우월적 쾌감을 추구하지는 않는다.

여기에서 한 걸음 더 나아간 것이 잘난 체라고 말하기도 하는 소극적 과시이다. 이것은 기본적으로 자기를 안심시키고 위로하는 기능을 한다. 그 누구에게도 우월감을 체험하지 못하는 것은 자신이 가장 낮은 위계에 있다는 것을 의미한다. 이것은 견딜 수 없는 고통이므로 사람들은 우월감을 체험하지 못하는 상황을 두려워하고, 그 결과 약한 강도로나마 우월적 쾌감을 추구한다. 이런 심리는 자신의 작은 키에 열등감과 존중 불안에 시달리던 사람이 자기보다 더 작은 사람을 발견했을 때 느끼는 안도감과 유사하다고 할 수 있다.

지금까지 언급했던 두 가지 경우와는 달리 적극적으로 우월적 쾌감을 추구하기 위한 수단으로서의 과시가 있다. 권위주의적 성향이 심하거나 우월감에 중독된 사람은 이미 학대적 쾌감에 길들여진 사람이라고 말할 수 있다. 이런 사람들은 잘난 체하는 수준에 머무르지 않고 학대적 쾌감을 체험하기 위해 적극적으로 과시한다. 상대방의 존엄을 깔아뭉개는 학대 행위로서의 이런 과시는 우월적 쾌감을 체험하게 하는 주요한 수단 중 하나이다. 여태까지 살펴보았던 세 가지 중에서 어느 것에 해당되든 돈은 존중 불안을 방어하기 위한 도구이자 우월감 혹은 우월적 쾌감을 구입하게 해주는 도구이다. 따라서 과시 욕구는 돈에 대한 욕망을 증폭시킨다.

근래에 실시한 연구에서는 사람들이 부유해질수록 지위를 드러내고 남들에게 내보일 수 있는 재화와 서비스에 집중적으로 지출을 늘린다는 사실을 명확히 보여준다. 부자일수록 사람들은 집안 장식보다 고급 휴대전화, 혈통이 좋은 개, 시계, 보석, 자동차처럼 남에게 내보일 수 있는 대상에 소비를 늘린다. 리처드 윌킨슨·케이트 피킷,《불평등 트라우마》, 생각이음, 2019.

과시 욕구와 소비 욕구가 합쳐진 결과인 과시적 소비는 위계 경쟁의 중요한 수단이다. 풍요-불화사회에서 사람들은 더 높은 위계로 올라가기 위해, 더 높은 위계에 속해 있다는 기분을 느끼기 위해 과시적 소비를 한다. 앞에서 언급했듯이, 위계 경쟁은 위계가 높아질수록 더 치열하다. 부자일수록 과시적 소비에 더 열광하는 것은 단지 그들이 돈이 많아서가 아니라 더 치열한 위계 경쟁 속에서 살고 있어서다. 어떤 이들은 과시 혹은 과시적 소비가 인간의 본성이라고 한다. 하지만 과시적 소비는 풍요-불화사회가 강요한 병적인 사회현상일 뿐이다.

심리학자 올리버 제임스는 소득의 평등 수준이 높은 덴마크 사람들에게 사치품 소비는 위계를 드러내는 역할을 하지 못하며, 그들은 광고에 민감하지 않고 화려한 차를 비롯한 여타 명품을 애타게 바라지도 않는다고 지적했다. 이 외에도 여러 연구에서 화목한 사회, 화목한 지역공동체 사람들은 과시적 소비를 하지 않으며 소유나 소비 욕구가 약하다는 것을 보여준다. "물질주의는 인간이 타고난 소유욕의 징후가 아니라 불평등으로 심화된 위계 경쟁에서 자극을 받아 타인에게 자신의 자존감을 알리는 아주 기이한 소통 형태"라는 윌킨슨의 말이 시사하듯이, 과도한 소유나 소비 욕구, 그리고 과시적 소비는 인간 본성과는 무관한 풍요-불화사회가 강요한 병적인 욕구이자 사회현상일 뿐이다.

마지막으로 풍요-불화사회에서는 건전한 욕구들마저 돈에 대한 욕망을 강화하는 데 일조한다. 즉 사랑 욕구, 자유 욕구, 인정 욕구, 자기존중 욕구와 같은 건전하고 중요한 사회적 욕구들조차 돈에 대한 욕망으로 수렴되는 경우가 많다는 것이다. 돈 없이는 사랑조차 제대로 할 수 없고, 돈과 자유가 비례하며, 돈으로 사람의 가치를 평가하는 사회에서는 건강한 욕구들조차 본의 아니게 돈에 대한 욕망을 강화하는 역할을 떠맡게 된다. 사회가 어떤가에 따라 인간 본성과 관련한 필수적이고 건전한 욕구들은 다른 욕구로 표현될 수 있다. 예를 들어 화목한 사회에서 인정 욕구나 명예 욕구가 도덕적인 욕구로 표현된다면, 풍요-불화사회에서는 대부분 돈에 대한 욕구로 표현된다. 풍요-불화사회에서는 인정도, 명예도 다 부유한 사람의 차지이기 때문이다.

돈에 대한 욕망은 돈 자체에 대한 욕망이 아니다. 돈이란 사실 종잇조각에 불과한 것이지 않은가. 풍요-불화사회에서 돈은 불안을 방어해주는 강력한 무기이자 다른 욕구들을 실현하기 위한 기본 매개물이다. 이런 사회에서 사람들이 돈을 과도하게 욕망하고 돈에 집착하는 것은 돈으로 불안을 방어하기 위해서, 그리고 여러 욕구를 충족시키기 위해서다. 풍요-불화사회에서 모든 불안과 욕구는 돈에 대한 욕망으로 수렴되고, 그 결과 그 욕망은 극대화된다.

나르시시즘과 자기홍보 경향이 심해지는 이유

존중 불안이 심한 사회에서는 자신이 사회에서 좋은 평가를 받을 수 없는 사람 혹은 높은 위계에 속할 수 없는 사람이라는 사실을 자각하거나 인정하면 불안해진다. 이럴 때 사람들은 불안을 방어하기 위해 자신을 실제보다 더 괜찮은 사람으로 평가하거나 자기 인식, 즉 자기 개념을 실제보다 더 좋은 쪽으로 왜곡한다. 예를 들면 "나는 너무 훌륭한 사람이야. 사람들은 다 나를 좋아해"라는 식으로 자기 인식을 조작하는 것이다.

이런 식의 불안 방어는 객관적 현실을 부정하고 나를 속이는 일종의 자기기만 행위라고 할 수 있다. 사회학자들은 자신을 추켜세우는 것을 '자기고양(self-enhancement)'으로, 자신을 열심히 알리고 내세우는 것을 '자기홍보(self-promotion)'라고 부른다. 여러 연구에 의하면 불평등한 사회, 즉 불화사회에서는 자기애와 자기고양, 자기홍보 경향이 심하다. 물론 여기에서 말하는 자기애란 정상적이고 건강한 자기애가 아니라 자기고양과 마찬가지로 불안을 방어하기 위한, 자신에 대한 이기적이고 과도한 관심을 특징으로 하는 병적인 자기애를 말한다.

15개국을 대상으로 연구를 진행했던 심리학자 스티브 러프넌은 "불평등한 사회에서 개인은 남보다 우월하다고 주장하고 싶은 강력한 동기를 지닌다. 이런 욕망의 표출이 자기고양적 편견이 두드러지는 형태로 나타날 수 있다. 경제적으로 비교적 평등한 사회에서는 우월한 지위로 인한 혜택이 감소하며 스스로 평균보다 뛰어나다고 평가하려는 경향도 약해질 것이다"라고 말했다. 즉 불평등한 국가일수록 자기고양 경향이 증가한다는 것이다.

자기고양은 본질적으로 자신이 우월하다고 스스로에게 되새김질해주는 것이므로 자기고양과 우월감 추구는 밀접한 관련이 있다. 여러 연구가 불평등한 사회의 사람들은 자신에게 실제보다 더 높은 점수를 매기고 내세우는 반면 평등한 사회의 사람들은 자신의 결함을 기꺼이 인정하며 타인들을 겸손한 태도로 대한다는 것을 보여준다. 이런 차이는 화목한 사회에서는 자신을 굳이 과대평가할 필요가 없지만, 불화사회에서는 그렇지 않다는 것에서 비롯된다.

자기고양 경향이 평등 수준, 즉 화목 수준과 관련이 있다는 것은 상대적으로 화목했던 과거와 덜 화목한 현재를 비교한 연구들에서도 확인된다. 진 트웬지와 키스 캠벨은 1982년부터 2006년까지 미국인들을 대상으로 검사를 진행한 결과 나르시시즘이 급격하게 증가했음을 발견했다. 즉 나르시시스트가 1982년에 비해 2006년에는 30퍼센트나 증가했다. 미국에서 가장 평등한 시대였다고 할 수 있는 1950년대에는 "나는 가치 있는 존재다" 혹은 "나는 중요한 사람이다"라는 말에 동의하는 응답자의 비율이 12퍼센트에 불과했다. 그런데 불평등이 심해지는 1980년대에는 그 비율이 무려 80퍼센트까지 치솟았다. 이와 동시에 불안 수준도 급격히 높아졌다.

미국에서 진행된 연구들에 의하면 차별당하는 흑인들, 학교에서 문제 학생이거나 외톨이인 아이들의 주관적인 자존감 점수는 평균보다 높다. 자존감이 낮고 불안이 심한 사람들이 자기를 높이는 현상은 임상에서도 흔히 관찰된다. 예를 들면 마음의 상처나 불안이 심한 사람일수록 더 빈번하게 "나는 마음의 상처 따위 없어요. 아무 문제없다니까요"라고 말하곤 한다.

불안을 방어하기 위해 자기를 과대포장하고 과대평가하면서 스스로를 계속 기만하다 보면 성격화될 수 있다. 심리학에서는 이를 나르시시즘, 즉 자기도취적 인격장애 혹은 자기애적 인격장애라고 부른다. 나르시시즘의 주요 특징은 과대하게 부풀려진 자기 개념, 지나친 과시와 관심 끌기 욕망, 특별대우를 요구하는 것, 비판에 과도하게 화를 내거나 의기소침해지는 등 부적절하게 반응하는 것, 자기중심성과 이기주의, 공감 능력의 결여, 남을 착취하고 지배하고 이용하는 성향 등이다. 이런 여러 가지 특징에도 불구하고 나르시시즘의 핵심은 자기고양이다. 즉 변변찮은 자기를 화려한 포장지로 감추다가 성격화된 것이 나르시시즘의 본질이라는 것이다. 이런 점에서 자기고양 현상의 극단에 나르시시즘이 위치한다고 말할 수 있다.

불안, 특히 존중 불안이 극심한 사회에서 살아가는 사람들은 세상을 바꿀 수 없으므로 어쩔 수 없이 자기를 바꿔버린다. 자신을 존중받을 만한 사람, 존중받아 마땅한 사람으로 둔갑시켜 불안을 방어하는 것이다. 하지만 이러한 자기기만이나 자기최면은 불안 극복에는 도움이 되지 않으며 정신만 망치기 마련이다.

이 외에도 불안을 방어하기 위해 사람들이 사용하는 방법이나 수단은 대단히 많다. 성공과 출세, 현실 도피, 소유와 소비, 쇼핑이나 마약, 섹스, 술과 향정신성 의약품 중독 등 수많은 것들이 불안을 방어하기 위해 사용된다.

풍요-불화사회에서 각종 사회문제 혹은 사회악이 나날이 증가하는 것은 극대화된 불안이 낳은 필연적 결과이다. 심리학자 브루스 알렉산더는 쥐 공원 실험을 통해 다른 쥐들과 함께 수용된 쥐가 단독으로 격리된 쥐보다 마약성 약물을 훨씬 적게 섭취하는 것을 증명했다. 저널리스트인 데이미언 톰슨은 베트남 전쟁에 참전했던 미군 대다수가 마약에 중독되었지만 집으로 돌아간 후에는 자발적으로 마약을 끊은 사례를 소개하면서 현대인들이 "베트남으로 파병된 군인 같다"고 말했다. 각종 사회문제나 사회악은 불가피한 것이 아니고 불가항력적인 것도 아니다. 그것은 불안을 극대화시키는 풍요-불화사회가 초래하는 인위적인 재앙일 뿐이다.

풍요-불화사회를 살아가는 부자들의 심리

여러 연구에서 위계가 낮을수록 불안이 심해지고 정신건강도 나빠진다는 것을 확인할 수 있었다. 하지만 위계가 높아진다고 불안에서 해방될 수 있는 건 아니다. 높은 위계의 사람들, 즉 부자들의 불안 수준이나 정신건강 수준은 가난한 사람보다 양호하지 않다. 단지 불안과 정신건강의 질에서 차이가 있고, 그것이 표출되는 형태나 방식에서 차이가 있을 뿐이다. 예를 들면 사회적 약자들은 분노를 표출하기 힘들어서 우울증에 대단히 취약한 반면 부자들은 분노를 표출하기가 상대적으로 용이하므로 우울증을 앓는 비율이 낮다. 또한 나르시시즘적 성향의 경우 잘난 체할 것이 거의 없는 사회적 약자들은 약한 반면 잘난 체할 수 있는 부자들은 강하다. 물론 부자들의 생존 불안 수준은 가난한 사람들에 비해서 크게 낮다. 하지만 존중 불안을 비롯한 다른 불안 수준은 오히려 높다고까지 할 수 있다.

부자들은 무엇보다 '응징 불안' 혹은 '보복 불안'에 시달린다. 이런 불안은 오직 부자들에게만 있다. 사회적 부가 극소수에게 집중되는 사회에서 부자들은 다수의 가난한 이들이 자신의 부를 빼앗고 해칠지도 모른다는 불안에 시달린다. 영화 〈기생충〉과 유사한 사건이 발생하거나 더 나아가서는 민중봉기나 혁명이 발발해 재산을 몽땅 빼앗기고 최악의 경우 단두대로 끌려갈지도 몰라서 불안해한다는 것이다. 이런 불안은 편법이나 나쁜 짓으로 돈을 번 부자일수록 더 심하다. "(부자는) 언제나 알 수 없는 적들에 둘러싸여 있다. 그는 결코 그들을 달랠 수 없다"는 애덤 스미스의 말은 계급적 처지에서 비롯되는 응징 불안을 잘 묘사하고 있다.

부자들은 가난한 이들에게 응징이나 보복을 당할까 봐 불안해하고, 자신의 재산을 잃거나 빼앗길까 봐 불안해한다. 부자들이 평범한 사람들과 어울리지 못하고 두려워하는 것은 이와 큰 관련이 있다. 응징 불안은 불평등과 불화가 심해지면 더욱 커진다. 이 때문에 최악의 불화사회인 풍요-불화사회에서 살아가는 부자들은 사설 경호업체에 막대한 돈을 쏟아붓는다. 한국에서 재벌들이 사회를 빈틈없이 장악하기 위해 막대한 돈을 퍼붓고 사찰 행위까지 불사하는 것은 더 많은 부를 움켜쥐려는 탐욕 때문이기도 하지만 응징 불안도 작용하기 때문이다.

또한 부자들은 가장 높은 수준의 존중 불안에 시달린다. 부자들은 위계가 높아 존중 불안이 덜할 거라고 오해할 수도 있는데, 천만의 말씀이다. 부자들의 존중 불안은 가난한 이들보다 결코 덜하지 않다. 위계가 낮은 사람들 사이에는 아직까지 서로를 위해주고 존중해주는 문화가 남아 있다. 위계가 낮더라도 노동조합 등을 통해 단결하거나 사회개혁을 위해 연대하면 존중 불안은 낮아진다. 또한 다들 없는 처지인 사람들끼리는 서로 치열하게 경쟁하거나 과시하려는 분위기가 약하다. 별 의미가 없기 때문이다. 반면에 부자들은 철저히 개인 단위로 경쟁하면서 부를 축적해왔기 때문에 서로 위해주거나 존중해주는 문화가 없다. 단지 공동의 탐욕을 위해 비수를 품고 악수를 하거나 야합하는 문화만 있을 뿐이다.

또한 풍요-불화사회에서 가장 개인이기주의적이고 우월주의적인 부자들의 상류사회는 개인을 단위로 위계를 정하고 그에 따라 서로를 차별하고 무시하는 분위기가 팽배해 있다. 마지막으로 부자들은 거짓과 기만이 일상적이라 건강한 대인관계를 맺지 못한다. 극소수 부자들이 권력과 부를 독점한 풍요-불화사회에서 부자들은 진실을 말할 수 없다. 그랬다가는 당장 국민들이 들고 일어날 테니까. 극소수 부자들은 거짓말로 국민들을 철저히 기만해야만 계속해서 부귀영화를 누릴 수 있다. 그렇기 때문에 부자들은 자신의 이익에 기초해 모든 대인관계를 맺으면서도 겉으로는 공익을 내세우는 식으로 거짓과 기만을 일삼는다. 그 결과는 건강한 관계의 부재이다.

부자들의 존중 불안은 가난한 사람들보다 오히려 심하다. 부자들은 대부분 서로를 진심으로 사랑하고 존중해주는 것이 아니라 시기하고 질투한다. 상위 계층에서 두 번째 집단에 속한 여성들을 대상으로 실시한 연구에 의하면 그들은 최상위 계층에 속한 여성과 자신을 비교하면서 자신이 부모로서 무능하다거나 자녀와의 관계가 나쁘다고 보고했다. 이런 연구들은 위계가 높다고 해서 존중 불안이 줄어들지 않는다는 것을 보여준다. 최상위 부자들은 기본적으로 개인 단위로 비교하기 때문에 이들의 존중 불안의 크기는 그들이 가진 막대한 부에도 불구하고 대단히 크다.

부자들은 또한 추락 불안에 시달린다. 자본주의사회에서는 자칫하다 부자들도 추락할 수 있다. 사회안전망이 취약한 사회에서 추락 불안은 곧 생존 불안을 의미한다. 따라서 부자들의 추락 불안은 가난한 이들보다 훨씬 더 심하다. 비유적으로 표현하자면, 가난한 사람들에게 추락은 단지 3층에서 떨어지는 것이지만 부자들에게 추락은 100층에서 떨어지는 것을 의미한다. 다층적 위계 사회에서 위계나 돈은 사람의 가치를 지탱해주는 기둥이다. 이런 사회에서 위계 추락이란 무가치한 존재로 전락하는 것이므로 엄청난 자존감의 손상 혹은 가짜 자존감 붕괴로 귀결된다. 추락한 부자들이 왕왕 자살하기도 하는 것은 이 때문이다.

풍요-불화사회에서는 부자들도 불안을 방어하기 위해 최선을 다한다. 즉 더 많은 돈을 벌어 조금이라도 더 높은 위계로 올라가려고 하고, 과시적 소비를 하는 등 불안을 방어하려고 한다. 이러한 생활방식에서 부자들의 독특한 심리가 형성된다.

부자들은 나르시시스트가 되는 경우가 많다. 풍요-불화사회에서 평범한 이들은 기껏해야 자기고양 성향, 즉 나르시시즘적 성향을 가진다. 반면에 부자들은 나르시시즘적 성향이 성격으로 굳어진 나르시시스트가 된다. 정신건강을 기준으로 말하자면, 부자들의 정신건강 상태가 다른 사람들보다 훨씬 더 나쁘다는 것을 의미한다. 심리학자 벨린다 보드와 카타리나 프리츤은 기업의 고위직 남성 경영자 39명의 심리를 브로드무어 정신병원에 감금된 환자들과 비교했는데, 그 결과 기업 경영자들이 연극성(피상적인 매력, 불성실, 자기 본위, 조작), 자기도취성(과장, 공감 능력 결여, 착취, 독선), 강박성(완벽주의, 일 중독, 경직, 완고, 독재 성향) 특징을 비롯한 여러 부정적인 기질 측면에서 정신질환 환자들보다 높은 점수를 기록했다.

한마디로 부자들이 중증 정신병자나 범죄자와 동등할 정도로 정신건강이 좋지 않다는 말이다. 이런 결과는 부잣집 부모들이 자식을 건강하게 사랑하고 존중해주지 못하고 어려서부터 공부, 성공, 출세 따위를 강요한 것과 능력주의, 우월주의, 차별주의와 같은 불건전한 주류의 지배적 가치들을 심어준 것, 그리고 어른이 되면서부터는 부자들 간의 치열한 경쟁 속에서 성장했기 때문이다.

그렇기에 부자들은 반사회적이고 부도덕한 개인이기주의자가 되는 경우가 많다. 부자들은 개인 단위의 치열한 경쟁, 가난한 이들에 대한 차별의식과 편견, 수단이야 어떻든 돈만 벌면 그만이라는 집단 분위기, 타인을 착취할수록 돈을 더 많이 버는 계급적 처지 등으로 이기주의, 반사회성, 비윤리성 등이 평범한 사람들보다 심하다.

사회심리학자 폴 피프는 상류층을 대상으로 진행한 실험에서 그들의 반사회성, 자기도취성, 비윤리성 등이 일반인보다 심하다는 것을 발견했다. 예를 들면 가상의 구직자에게 진실을 숨길지 말지를 선택할 수 있는 시나리오에서 상류층은 타인을 속이는 비율이 더 높았고, 주사위 게임에서도 부정행위를 하는 확률이 더 높았다. 나아가 어린이들을 위한 사탕이라는 말을 듣고도 그 사탕을 먹을 가능성이 더 높았다. 또한 폴 피프는 불평등한 사회에서는 위계가 높아질수록 사람들이 더 반사회적으로 행동한다는 사실도 증명했다. 부자들이 이기적이고 반사회적이며 비윤리적인 인간이 되는 것은 풍요-불화사회의 특징인 것이다. 반면 평등한 국가인 네덜란드, 독일 등의 부자들은 남을 믿는 성향이나 너그러움에서 가난한 사람에게 뒤지지 않는다. 이것은 상대적으로 화목한 사회 속 부자는 그렇지 않다는 것을 보여준다.

부자들은 학대 중독자 혹은 우월감 중독자인 경우도 많다. 부자들은 어려서부터 세상을 우열이나 승패를 기준으로 구분하는 것을 배우고, 우월해지고 승리하기 위해 살아간다. 부자들은 어려서부터 승리와 우월적 쾌감을 경험하며 성장하지만 건강한 즐거움이나 기쁨은 거의 체험하지 못한다. 부자들은 대체로 피상적 관계, 이익을 위한 결탁 관계를 맺기 때문에 건강한 관계에서 경험할 수 있는 진정한 기쁨이나 행복을 알지 못하는 경우가 많다. 더욱이 부자들은 돈과 권력 등을 가지고 있어 우월적 쾌감을 추구하기 쉬운 조건 속에서 살아간다. 그 결과 부자들은 그들이 유일하게 알고 있는 쾌감인 우월적 쾌감에 중독된다.

윌킨슨은 "지배-종속의 위계질서 안에서 발생하는 가장 비열한 상황은 사람들이 자기보다 위계가 낮은 사람에게 우월감을 과시함으로써 자신의 위계를 유지하는 일이다"라고 말했다. 그의 지적처럼 우월적 쾌감은 살인의 쾌감을 제외한다면, 가장 병

적이고 가장 저열한 쾌감이라고 할 수 있다. 풍요-불화사회의
가장 큰 피해자는 결국 학대 중독자로 전락한 부자다.

불편한 진실 VS 돈이 되는 편안한 허위
|

사회가 인간 심리에 미치는 영향은 아무리 강조해도 지나치지
않다. 소규모 집단이어도 운영 규칙 혹은 경쟁 규칙만 바뀌어도
사람들의 심리는 빠르게 변화한다. 두 집단으로 나누어 농구 경
기를 할 때 승자에게 100만 원, 패자에게 80만 원을 주는 경우
두 팀은 페어플레이 한다. 그러나 승자에게 170만 원을 주고 패
자에게 10만 원을 준다면 두 팀은 반칙을 불사하며 거칠게 몸싸
움할 것이고, 그 결과 사이도 악화될 것이다. 사회는 구성원들에
게 지속적으로 강력하게 영향을 미침으로써 인간 심리를 형성
하고 변화시킨다. 한국이 풍요-불화사회로 바뀐 지 벌써 20여
년이 넘어가고 있다. 이제 한국인들은 풍요-불화사회의 전형적
인 심리를 갖게 되었고, 그 정도는 더욱 심해지고 있다. 그중 대
표적인 것이 바로 돈 중심 심리이다.

　사람의 사고는 우세한 욕망을 중심으로 흘러간다. 누군가를
아주 좋아하거나 누군가와 뜨거운 연애를 시작한 사람은 상대방
생각을 멈추지 못한다. 그리고 모든 것의 가치를 상대방 기준으

로 평가한다. 이렇게 우세한 욕망은 사고를 집중시키고 그 기준으로 만물의 가치를 평가하게끔 만든다. 사고가 우세한 욕망을 중심으로 흘러가는 것은 그다지 큰 문제가 되지 않는다. 뜨거운 연애가 무한정 지속될 수 없듯이, 우세한 욕망은 생활 과정에서 계속 바뀌기 때문이다. 그러나 건강하지 않은 욕망이 우세한 욕망이 되어 장기간 지속되면 심각한 문제가 될 수 있다. 무엇보다 정상적인 사고가 심각하게 손상될 수 있다. 돈에 대한 욕망은 건강한 욕망이 아니다. 하지만 그것은 풍요-불화사회에서 항상 우세한 욕망의 지위를 차지한다. 이 때문에 풍요-불화사회에서 살아가는 사람들의 사고는 심각하게 손상되고 왜곡된다.

한국 사회에서 돈에 대한 욕망이 사고를 왜곡시킨다는 것은 한국인들이 돈으로 모든 것을 평가하는 것에서 찾아볼 수 있다. 오늘날 한국인들은 어떤 사물이나 현상을 대할 때 돈이 되는가 안 되는가부터 따진다. 예를 들면 학생들은 진로를 자신의 적성이나 사회적 의의가 아닌 돈을 얼마나 벌 수 있는가를 기준으로 따져본다. 돈이 안 되는 진로나 직업을 제외한 뒤 적성 등을 고려한다. 최근 한국인들은 사람의 가치는 물론이고 민족 전체의 운명과 관련된 통일까지도 돈을 중심으로 판단한다. 돈이 되면 통일에 찬성하지만, 돈이 안 되면 통일에 반대하는 것이다. 돈을 중심으로 모든 것의 가치를 판단하는 경향은 젊은 세대일수록 더 심하다. 돈을 중심으로 사고하고 판단하는 경향이 심해지면 진리는 설 자리를 잃는다. 불편한 진실보다는 돈이 되는 편안한 허위를 선호하는 것이다.

5장

초라한
개인주의 사회

돈이 유일하고 가장 강력한 보상으로 등극한 사회에서 살아가는 사람들은 불평등이나 차별을 필요로 한다. 그래야 조금이라도 덜 불안해질 뿐만 아니라 세상이 정의롭고 공정하다고 착각하면서 살아갈 수 있기 때문이다.

풍요-불화사회는 지속불가능하다. 풍요-불화사회는 사회구성원을 병들게 하고 인간성을 말살하며 사회가 기능하는 데 필요한 최소한의 요소들을 사라지게 하고 환경을 파괴한다. 당연히 이런 사회는 지속가능하지 않다. 최근에 과학자들은 인류가 지금의 방식을 고수해 살아간다면, 22세기는 오지 않는다고 경고한다. 지구가 더 이상 숨을 쉬지 못해서든 인간이 서로를 괴롭히다 공멸하든 간에 풍요-불화사회는 멸망하게 되어 있다. 이 사회를 개혁하는 것은 단순한 복지나 행복의 문제가 아니라 생존의 문제이다.

초라한 개인주의 사회

풍요-불화사회는 '개인의 생존은 개인이 책임진다'는 철학을 기초로 하는 사회다. 다시 말해 누군가의 죽음은 그 사람의 문제라고 여기는 잔인한 사회이다. 이런 사회에서 살아가는 사람들은 자신이 죽을 위기에 처해도 타인들이나 국가가 도와주지 않을 거라고 믿는다. 사회학자 뒤르켐은 "(한 개인이) 속해 있는 집단이 약화되면 될수록 그만큼 그 개인은 신뢰를 덜 하게 되며, 그 결과 오직 자기밖에 믿을 수 없다는 생각이 굳어지고 자신의 사적 이해관계에 기초한 규칙 외에는 다른 행동 규칙은 없다는 인식이 강해진다"고 말했다. 그의 말처럼 믿을 수 있는 것이 오직 자기뿐인 사회에서 살아가는 사람들은 개인이기주의 규칙만을 따른다. 생존을 위해 개인이 서로 치고받으면서 살아가는 약육강식의 풍요-불화사회에서 극단적인 개인이기주의와 자기중심성은 필연이다. 극심한 불안 역시 개인이기주의와 자기중심성을 강화한다. 극심한 불안은 불안 방어에 모든 것을 집중하게 만듦으로써 타인이나 사회에 관심을 돌리지 못하게 만든다.

오늘날의 한국인들은 불안을 방어하기 위해 강박적으로 돈을 욕망하는데, 그 결과 삶의 질은 물론이고 한국인들의 평균적 질이나 수준을 형편없이 떨어뜨리고 있다. 대의와 공공의 이익을 위해 헌신하겠다고 떠드는 이들은 널려 있지만, 자세히 들여다보면 대부분 돈이나 이권 추구에만 관심이 있다. 오늘날 정치인다운 정치인이 없고, 언론인다운 언론인이 없고, 학자다운 학자가 없는 것은 단지 그 사람들만의 문제가 아니다. 한국인들의 질이 전반적으로 낮아진 것을 반영하는 현상일 뿐이다. 불안에 장기간 점령당한 결과 한국인들은 초라한 개인이기주의자로 전락했다.

불화사회와는 달리 화목한 사회는 '개인의 생존을 국가나 공동체가 책임진다'는 철학에 기초하는 사회다. 이런 사회에서 살아가는 사람들은 자신이 위기에 처하면 국가나 공동체가 도와줄 것이라고 믿는다. 동시에 국가나 공동체가 잘못되면 자신의 삶도 파탄 날 것이라고 생각한다. 따라서 사람들은 개인보다는 집단이나 공동체를 중시하게 되고 사고나 행동 역시 집단중심적으로 한다.

분단으로 인한 색깔공포증으로 상당수의 한국인들은 여전히 개인의 생존을 국가나 공동체가 책임지는 사회를 반대한다. 사회주의라서 싫다는 것이다. 그런데 부자들은 이미 자기들만의 사회주의사회에서 살아가고 있다. 마틴 루터 킹은 "이 나라에는 부자들을 위한 사회주의가 있지만, 가난한 자들을 위해서는 단호한 개인주의만 있다"고 말했다. 미국 정부는 부자들이 위험에 처하면 국민들한테서 걷은 세금을 아낌없이 퍼부어주며 그들을 도와주었지만, 평범한 사람들이 위험에 처하면 '네가 알아서 하라'며 방치해왔다. 그의 말처럼 풍요-불화사회인 미국은 부자들한테는 사회주의사회이고, 나머지 사람들에게는 자본주의사회 혹은 개인주의사회이다. 스티글리츠는 이를 '미국식 사회주의'라고 풍자했다.

부자들은 항상 사회주의를 반대한다고 말해왔지만, 실제 행동으로는 개인의 생존을 국가나 공동체가 책임지는 사회주의를 무척 좋아하고 있다. 단지 그 사회주의를 자기들끼리만 누리려 할 뿐이다.

불안이라는 거대한 쓰나미에 떠밀려 나아가는 개인이기주의사회는 멸망으로 치닫기 마련이다. 생태학자 개릿 하딘은 개인들이 각자의 이익을 추구한 결과 사회적 차원에서 손해로 귀결되는 것을 '공유지의 비극(tragedy of the commons)'이라고 명명했다. 이 이론은 사람들이 '합리적' 혹은 '이성적' 판단과 선택을 하는 것이 자연을 훼손하거나 파괴할 수 있다는 가정에 기초하고 있다. 예를 들면 개개인들이 돈을 아끼려고 오폐수를 방류하면 식수가 오염되어 모두가 손해를 보게 된다. 하딘은 개개인의 합리적이고 효율적인 선택이 사회에서는 비합리적이고 몰상식한 결론으로 이어질 수 있다고 강조하면서 제약이 가해지지 않을 경우 날씨, 토양, 대기, 수자원, 에너지, 식량, 생태계 등 다양한 공유자원이 고갈될 거라고 주장했다. 심리학에서의 공황 이론 역시 개인들의 합리적 사고가 사회적 재앙을 초래할 수 있다고 주장한다. 그 예로 극장에 불이 나면 사람들은 먼저 나가야 생존 확률이 높아진다는 합리적 사고를 하기 때문에 사람들이 출입문에 몰리게 된다. 그 결과 질서 정연하게 빠져나오면 모두 살 수 있는데도 인파에 출구가 막혀 빠져나오지 못하고 밟혀 죽기까지 하는 대참사가 초래된다.

나는 서구의 이론가들이 선호하는 합리적 판단이나 선택이라는 표현이 진실을 교묘히 은폐한다고 생각한다. 공유지의 비극이나 공황 이론 등에서 말하는 합리적, 이성적 판단과 선택이란 사실 개인이기주의적인 판단과 선택을 의미한다. 개개인들이 집단이나 공동체를 기준으로 판단과 선택을 하면 공유지는 파괴되지 않고 대참사도 발생하지 않는다. 반면에 개인을 기준으로 판단과 선택을 하면 반드시 공유지가 파괴되고 대참사가 발생한다. 문제는 합리적 판단이나 선택 그 자체가 아니라 개인이기주의에 있다. 원칙적으로 합리적 판단이란 한 치 앞도 내다보지 못하는 개인이기주의적인 취사 선택이 아니라 자신의 행동이 전체에 어떤 영향을 미치는지까지도 염두에 두어야 한다. 개인과 집단 간의 관계에 대한 올바른 이해에 기초하고 있는 판단이 합리적인 판단이라는 것이다. 오직 개인만을 고려하는 것은 비합리적인 판단과 선택이다. 따라서 공유지의 비극이나 공황 이론은 합리적 판단이 아니라 개인이기주의가 사회를 멸망으로 이끈다고 해석되어야 마땅하다. 풍요-불화사회는 사람들로 하여금 오로지 개인이기주의적인 이익과 이권만을 추구하게 만들고, 그 결과 사회는 멸망과 붕괴로 나아간다. 이런 사회는 지속가능하지 않다.

강력한 제재나 처벌, 설득이나 계몽 등으로는 돈과 이권만을 추구하며 이전투구하는 사람들의 자살 행위를 멈추게 할 수 없다. 그 근원인 불안을 해결해야만 한다. '매 앞에 장사 없다'는 말보다 '불안 앞에 장사 없다'는 말이 더 적절한 시절이다. 불안 문제를 해결하려면 무엇보다 개인의 생존을 개인이 아니라 국가나 공동체가 책임지는 사회로 변혁해야 한다.

인간증오 심리의 비옥한 토양, 불신 사회

풍요-불화사회는 불신 사회이다. 화목한 사회가 불화사회로 바뀌며 신뢰가 사라진 자리에는 불신이 들어앉는다. 2005년에 실시한 '세계가치관조사(World Value Survey)'에는 '대부분의 사람을 신뢰할 수 있다'라는 질문이 포함되어 있는데, '그렇다'고 답한 비율은 나라마다 크게 달랐다. 불평등 수준이 낮은 북유럽의 스웨덴, 덴마크, 노르웨이에서는 60퍼센트 이상이 그렇다고 대답했지만, 불평등이 심한 포르투갈은 그 비율이 10퍼센트 수준에 머물렀다. 미국의 50개 주를 대상으로 실시한 조사에서도 불평등이 심한 주일수록 신뢰 지수가 낮은 것으로 드러났다.

풍요-불화사회인 한국도 신뢰 지수가 매우 낮다. 통계청이 실시한 한국의 사회동향(2013) 조사에서 대인신뢰도를 측정하는 문항에 긍정적으로 대답한 비율은 2010년 기준으로 22.3퍼센트에 불과했다. 10명 중에서 단 2명만이 낯선 사람을 믿거나 선의로 대할 수 있다고 대답했는데, OECD 국가들의 평균인 32퍼센트에 비해 훨씬 낮은 수치다.

상대적으로 평등했던 시기와 불평등이 심해진 시기를 비교한 연구들도 동일한 결과를 보고하고 있다. 1968년부터 1998년까지의 자료를 분석해보니 불평등이 심해지자 신뢰 지수가 낮아졌다는 것을 확인할 수 있었다. 한국의 경우 1990년대에는 신뢰

지수가 세계 평균 정도였으나 불평등이 심해진 2010년 초에는 크게 하락했다. 100점 만점을 기준으로 할 때 외국인 노동자에 대한 신뢰도는 46점, 국회에 대한 신뢰도는 39점, 정부에 대한 신뢰도는 46점, 대통령에 대한 신뢰도는 51점에 머물렀다. 이 외에도 많은 연구가 신뢰는 물질적 풍요가 아니라 평등 수준, 즉 화목에 따라 결정된다는 것을 보여주고 있다.

신뢰가 부족하면 일상조차 대단히 힘겨워진다는 것을 다들 알고 있을 것이다. 개인적 사례로 이가 아파 동네 치과에 갔더니 견적이 꽤 나왔다. 주변 사람들은 과잉 진료라며 다른 치과를 권했고, 결국 온라인 평가가 좋은 치과에 갔다. 하지만 그곳이라고 과잉 진료가 없을까 싶어 마음이 편치 않았다. 이런 간단한 사례가 말해주듯 불신 사회에서 살아가기란 정말 피곤하고 힘든 일이다. 불안에 점령당해 모두가 돈을 좇는 사회에서 사람들은 서로를 속이고 의심한다. 남은 잘 속이고 남에게 덜 속을수록 돈을 더 많이 벌 수 있기 때문이다.

사람이 정신적으로 건강하고 행복하게 살아가려면 반드시 신뢰가 필요하다. 심리학자 에릭슨은 기본적 신뢰(basic trust)가 없는 사람은 정상적인 사회생활을 할 수 없다고 강조했다. 사람을 신뢰할 수 없는 사람은 타인이 자신을 존중해줄 거라고 믿지 못한다. 대인 신뢰감이 부족한 사람일수록 존중 불안도 심하다. 사람을 신뢰하지 못하니 혼자 고독하게 살아간다. 고독과 불안은 서로를 강화하므로 그의 불안 수준은 더욱 높아진다.

사람을 믿지 못하는 사람이 행복해지기란 낙타가 바늘구멍 들어가기보다 더 어렵다고 말할 수 있다. 2014년에 유럽의 25개국에 거주하는 약 5만 명의 자료를 분석한 연구는 사회적 상호작용과 타인에 대한 신뢰가 행복에 중요하게 기여한다고 결론짓고 있다. 이웃을 믿지 못해 쓰레기 버리는 곳을 감시하고, 상점에서는 사기당할까 봐 걱정하며, 으슥한 곳에서 낯선 사람과 마주치면 잔뜩 긴장하면서 살아가는 사람이 과연 행복할 수 있겠는가.

신뢰가 부족해지면 사람들은 대화가 아닌 법으로 문제를 해결하려고 한다. 신뢰 수준이 지금보다 양호했던 과거에는 운전 중 접촉 사고가 생기더라도 대화로 원만하게 해결하는 경우가 많았다. 아주 가벼운 접촉 사고는 아무 일도 없던 것처럼 서로 사과하고 웃으면서 헤어지기도 했다. 하지만 신뢰가 바닥을 치는 요즈음에는 접촉 사고가 나면 보험회사와 경찰을 불러 시시비비를 가린다. 이처럼 신뢰가 사라지면 원만한 타협보다는 법에 호소하는 경향이 커진다. 소송을 많이 하기로 유명한 미국인들은 국민 1인당 변호사의 수도 많아 유럽이나 일본보다 소송에 더 많은 비용을 들인다. 그리고 한국도 그 뒤를 부지런히 따라가고 있다.

신뢰가 부족한 사회는 그 대가를 치를 수밖에 없다. 1995년 시카고 폭염 사태는 불신의 사회적 부작용을 잘 보여준다. 당시 시에서는 임시 숙소를 마련하여 주민들을 대피시키려 했지만,

흑인 거주지역의 주민들은 집을 비우면 도둑이 들까 봐 집을 떠나지 않았다. 심지어 폭염에도 창문을 열지 않았다. 그 결과 무려 700여 명이 사망했다.

불신 사회는 인간 증오 심리가 자라나는 비옥한 토양이다. 불신 사회에서 사람들에게 속거나 기만당하는 경험이 누적되면 사람들은 인간을 불신하고 심한 경우 증오하기도 한다.

또한 풍요-불화사회는 가정을 파괴해 증오 심리의 토대를 제공하며 이런 인간 증오자의 증가에 발맞추어 풍요-불화사회에는 혐오 심리, 그리고 그것을 반영하는 병적인 문화들이 널리 퍼진다. 풍요-불화사회가 인간 증오 사회라는 것을 극명하게 보여주는 사례는 불특정 다수를 총기로 살해하는 대량살상 사건들일 것이다.

2017년 10월 1일 미국 네바다주 라스베이거스에서는 한 괴한이 콘서트장에 총기를 난사해 59명의 사상자와 851명의 부상자가 발생했다. 미국에서는 불특정 다수에게 총기를 난사하는 대량살상 범죄가 연이어 발생하고 있다. 한국은 총기 소지가 불법이라 이런 범죄가 발생하지 않지만, 그렇다고 인간 증오 심리에서 자유롭다고 말할 수는 없다. 단지 한국인들에게는 총기가 없을 뿐 인간 증오 심리는 이미 위험수위에 도달해 있다.

신뢰는 사회의 지속가능성과 발전을 좌우한다. 신뢰는 사회적 자본의 핵심이다. 신뢰가 있어야 경제도 원만하게 돌아갈 수 있다. 은행만 떠올려봐도 금방 이해할 수 있다. 사람들은 은행을 신뢰해 돈을 맡긴다. 만일 사람들이 은행을 신뢰하지 않아 예금하지 않으면 경제는 마비될 것이다.

죄수의 딜레마로 잘 알려진 실험은 신뢰가 얼마나 중요한지 잘 보여준다. 두 죄수에게 자백의 기회를 준다. 자백하면 석방, 그렇지 않은 사람은 10년 복역이라는 조건을 단다. 단 두 사람 모두 자백 시에는 각각 5년을 복역한다. 1년 복역이라는 가장 좋은 결과를 얻으려면 두 사람 모두 침묵하면 된다. 하지만 두 사람은 서로를 신뢰하지 못해 자백하고, 결국 5년씩 복역하게 된다.

이런 연구들은 상호 신뢰가 있어야만 모두에게 가장 유리한 선택을 할 수 있다는 것을 보여준다. 신뢰 사회에서 살아가는 사람들은 서로에게 도움이 되는 선택을 하고 그 결과 사회가 발전한다. 반면에 불신 사회에서는 서로를 불신해 서로에게 손해를 입히며 살아가고 그 결과 사회는 침몰한다. 불신 사회는 막대한 비용을 치러야 할 뿐만 아니라 지속가능하지 않다. 풍요-불화사회는 신뢰 수준을 빠른 속도로 끌어내림으로써 멸망을 향해 나아간다.

코로나19와 분열 사회의 두 가지 얼굴

|

부모가 자식들을 차별하면 자식들 사이는 어떻게 될까? 당연히 나빠질 것이다. 가족적 차원에서의 불평등은 부모가 자식들을 차별하는 것을 의미하고, 국가적 차원에서의 불평등은 국가가 국민들을 차별하는 것을 의미한다. 사람들은 경제적 차별을 단순히 경제적인 문제로만 받아들이지 않는다. 정규직과 하는 일이 동일하면서도 임금을 절반 정도밖에 받지 못하는 비정규직은 이를 단지 임금 문제로만 이해하지 않는다. 경제적으로 차별을 당하는 사람은 자신의 존엄성이 침해당했다고 느낀다. 즉 국가가 어떤 국민의 존엄은 중시하지만 다른 국민의 존엄은 하찮게 여긴다고 느끼는 것이다. 이런 경우 사람들 간의 관계는 나빠질 수밖에 없고 사회는 심하게 분열되기 마련이다. 철학자 플라톤은 "'평등이 동료애를 낳는다'는 옛말은 얼마나 정확한가! 정말 맞는 말이고 진실이다"라고 말했다. 평등한 관계에 있는 사람들은 서로에게 동질감과 애정을 느끼며 서로를 위해주고 협력하므로 사회가 화목해진다. 반면에 불평등한 관계에 있는 사람들은 서로를 경계하고 적대시하며 갈등하므로 사회가 반드시 분열된다.

일부 어용학자들은 인종이나 종교 등으로 인한 분쟁 사례를 거론하면서 인종이나 종교가 사회 분열의 원인이라고 주장한다.

그러나 이 차이가 분열이나 분쟁으로 이어지는 것은 이를 빌미로 차별하는 사회에서만 나타나는 현상이다. 인도의 서남해안 지역에 위치한 인구 약 3,200만 명인 케랄라주에서는 이슬람교, 기독교, 힌두교 공동체 들이 별다른 다툼 없이 이웃으로 잘 지내고 있다. 20세기 후반에 네 차례 공산당 정부가 집권했고 어업협동조합이 많은 케랄라는 인도에서 가장 평등한 주로 알려져 있다. 유고슬라비아도 티토가 집권했던 시기에는 인종이나 종교 분쟁 없이 평화로웠다. 당시 사회주의 정부가 사람들을 차별하지 않았기 때문이다. 이런 사례들은 평등과 화목 수준이 높은 사회는 인종이나 종교의 차이를 불문하고 화목하지만, 불화사회에서는 이런저런 차이가 분열과 분쟁으로 이어진다는 것을 보여준다.

사회학에서는 사회구성원들이 하나로 뭉치는 힘을 '사회응집력'이라고 부른다. 여러 연구에서 상대적으로 평등한 사회, 상대적으로 화목한 사회는 사회응집력이 높다는 것을 확인할 수 있다. 평등하고 화목한 사회에서 살아가는 사람들은 활발한 공동체 생활을 영위하고 신뢰와 같은 '사회적 자본'을 훨씬 더 많이 가지고 있으며, 이기적인 공격성의 징후는 상대적으로 적은 반면 사회적 배려는 많다. 불평등과 그로 인한 불화는 사회응집력을 파괴하는데, 그 사회는 지속가능하지 않다.

한국은 풍요-불화사회이지만 미국 등에 비하면 여전히 사회응집력이 높은 사회라고 할 수 있다. 미국인들은 코로나19 사태가 발생해도 정부의 지침을 잘 따르지 않고 타인을 배려하지 않아 방역에 어려움을 겪고 있다. 반면에 한국인들은 방역 당국의 권고나 지시를 잘 지키고 이웃을 배려한다.

그런데 한국 사회가 항상 높은 사회응집력만 보여주는 것은 아니다. 한국 역시 21세기형 불화사회인 만큼 일부 사람들이나 집단이 겪는 곤경이나 어려움에는 무관심하다. 줄기차게 세계 1위를 고수하고 있는 자살률, 산업재해로 인한 사망, 비정규직이나 실업자의 어려움 등에는 별 관심이 없다. 하지만 전체와 관련된 문제에는 커다란 관심을 보인다. 그 예로 IMF 경제위기 때 금 모으기 운동을 한다거나 2002년 월드컵 거리 응원, 2016년 촛불집회를 들 수 있다. 한국인들은 모두에게 평등하게 닥치는 재난이나 문제에는 응집해 대응하지만, 일부에게 닥치는 재난이나 문제에는 분열적으로 대응한다.

빌 게이츠가 말했듯이, 코로나19는 모두에게 평등하다. 한국의 방역시스템 혹은 의료시스템은 최소한 코로나19와 관련해서는 평등하다. 이에 대한 정부의 대응 역시 평등하다. 이렇게 모두가 평등해지는 상황에서는 한국인들의 잠재된 집단주의 성향이 전면에 나서고 그 결과 사회응집력이 높아진다. 반면에 불평등한 상황이나 재난을 맞이해서는 개인이기주의가 전면에 나서고 사회응집력이 자취를 감춰버린다.

한국인들은 여전히 세계에서 가장 집단주의 심리가 강한 민족이지만, 동시에 한국은 불평등이 극심한 21세기형 불화사회여서 한국인들의 마음속에서는 잠재된 집단주의와 현실화된 개인이기주의가 갈등하고 있다. 이 때문에 한국인들은 불평등한 일상적 상황에서는 개인이기주의적으로 대응하지만, 임의의 순간에 평등한 상황이 조성되면 집단주의적으로 대응한다. 이것은 한국이 화목한 사회로 나아갈 잠재력이 대단히 큰 사회이며 그렇게 될 때 한국인들이 가장 행복해질 것임을 의미한다. 한국이 계속 불화사회에 머물러 있으면 집단주의적인 한국인들은 그 어떤 나라 사람들보다도 더 큰 고통을 경험할 것이고 정신건강이 더 심각하게 악화될 것이다. 세계 1위인 자살률과 세계 최저의 출산율은 이를 잘 보여주는 대표적인 사례다.

분열 사회는 사회적인 혹은 국가적인 과제를 제기하기도 어렵고 해결할 수도 없다. 수많은 위계와 이권 집단으로 분열된 사회에서는 공동의 이익을 내세울 수조차 없다. 국가적인 문제를 해결하기 위해서는 긴밀한 협력에 기초한 집단적인 행동이 이루어져야 한다. 오늘 한 집단이 양보할 수 있으려면 내년에는 다른 집단이 양보할 거라는 믿음이 있어야 한다. 즉 모두가 공평한 대우를 받을 거라는 신뢰가 있어야 한다.

분열 사회에서는 정부가 공동의 이익이나 목표를 내세운다 할지라도 국민들은 거의 협력하지 않을 것이다. 임진왜란 시기에

착취와 가난에 시달렸던 일부 백성들은 정부를 돕지 않은 것은 물론이고 일본군 편에 서기까지 했다. 불평등한 대우, 차별을 받은 사람들이 국가적인 과제라고 해서 힘을 합칠 리 만무하다. 한국인들이 코로나19 사태에서 서로 협력하고 힘을 합치는 이유는 최소한 바이러스와 의료서비스 앞에서는 평등했기 때문이다. 풍요-불화사회는 사회응집력이 없는 사회이고 국가적인 과제를 제기하지도 해결하지도 못하는 분열 사회이다. 이런 사회는 지속가능하지 않다.

오늘날 분노형 범죄가 유독 많은 이유
|

차별이나 학대를 당하면, 즉 존중받지 못해 존엄성이 유린되면 사람은 분노한다. 겁에 질린 개일수록 더 공격적인 행동을 하는 것처럼 불안이 심해지면 분노도 커진다. 사람들은 건전한 사회적 욕구들이 좌절되면 분노하고, 심지어 병적인 욕구들이 좌절되어도 분노한다. 풍요-불화사회에서 살아가는 사람들은 짜증과 분노를 피할 수 없어 사회의 분노지수는 대단히 높아진다.

오늘날 한국인들의 높은 분노지수에는 과거보다 불평등 수준이 높아졌다는 것만이 아니라 위계 상승이 거의 불가능해졌다는 것도 영향을 미친다. 과거의 한국 사회는 상대적으로 더 평등하고 화목했을 뿐만 아니라 위계 상승이 상대적으로 더 용이했다.

한국에서는 1990년대를 기점으로 위계 상승의 희망이 빠른 속도로 시들었다. 2012년에 실시한 조사에 의하면 앞으로 계층 상승이 더욱 어려워질 거라고 답한 사람의 비율이 무려 98퍼센트에 달한다. 현대경제연구원의 2013년 조사에서 응답자들은 '개개인이 열심히 노력한다면 계층 상승 가능성은 어느 정도인가?'라는 질문에 75.2퍼센트가 낮다고 대답했다. 이 대답은 2015년 동일한 조사에서 81.0퍼센트로 더 높아졌다. 위계 상승을 비관적으로 보는 경향은 청년층일수록 심하다. 존중 불안이나 위계 불안이 극심한 사회에서 위계 상승의 희망조차 사라지면 분노 수준은 크게 높아질 수밖에 없다.

분노 수준이 높아지면 정신질환과 범죄가 동반해서 증가한다. 마멋은 "질병의 지리적 분포는 범죄의 지리적 분포와 나란히 간다. 하나가 다른 하나의 원인이어서가 아니라 둘이 동일한 원인을 갖기 때문이다"라고 말했다. 그의 말처럼 정신질환과 범죄의 뿌리는 같다. 분노에만 국한해서 말하자면, 분노가 자신을 공격하면 정신질환을 앓게 되고, 분노가 세상에 비뚤어진 방식으로 표출되면 범죄가 증가한다.

세계은행의 연구를 비롯한 많은 연구가 폭력 및 살인 등의 강력범죄가 불평등 수준과 밀접한 관계가 있음을 보여준다. 즉 불평등이 심한 나라일수록 살인율(인구 10만 명당 피살되는 사람의 비율)이 현저하게 높으며 학교폭력이 심하다. UN이 2000년에 발표한 자료에 의하면 미국에서는 100만 명당 64명이 살해당했는데, 이것은 5.2명인 일본에 비해 무려 12배나 높은 수치다. 한국의 경우 살인율은 OECD 회원국 중에 6위이며, 10만 명당 강간범죄 발생건수는 13위다.

전형적인 풍요-불화사회인 미국이 범죄로 몸살을 앓고 있음은 인구 대비 수감자 비율에서도 확인할 수 있다. 미국의 수감자 비율은 성인 100명당 약 1명꼴로 세계 최고 수준인데, 유럽 국가들의 수감자 비율과 비교하면 무려 9~10배나 더 높다. 그 결과 미국의 일부 주 정부들은 주립 대학교보다 주립 교도소에 더 많은 비용을 쏟아붓고 있다. 미국의 수감률이 높은 데에는 '엄벌주의'도 영향을 미친다.

풍요-불화사회의 사람들은 타인에게 냉정하고 잔인하며, 분노 수준이 대단히 높다. 이런 사회에서는 잔혹한 범죄를 저지르는 범죄자들이 많아지고 수감자들도 많아진다. 죄수 한 명을 하루 동안 감옥에 가두는 비용이 일류 호텔 방값만큼이나 비싼 미국에서는 공적인 법 집행과 치안 유지에 소요되는 비용이 1990년대 초에 이미 미국 국내총생산의 1.3퍼센트를 차지했다.

존중 불안과 그로 인한 분노는 범죄, 특히 살인과 폭력 같은 강력범죄의 주요 원인이다. 여러 차례 강조했지만, 존중 불안은 사람이 가장 감당하기 힘든 최악의 불안이다. 그렇다면 존중 불안과 관련된 분노가 가장 거칠고 강력하다고 보는 것이 합리적일 것이다. 살인을 연구했던 델리와 윌슨은 폭력의 가장 일반적인 원인이 '체면 손상'이라고 주장하면서, 체면 손상은 타인의 눈에 자존심 손상과 굴욕 혹은 위신 손상으로 비친다고 말했다. 같은 맥락에서 가장 폭력적인 수감자들을 연구했던 정신과 의사 제임스 길리건은 자존심이 위협받는 상황에서 발생하는 모욕감과 수치심이 폭력을 유발한다고 주장했다. 즉 존중받지 못하는 상황이 폭력을 유발하는 가장 강력한 촉발 요인이라는 것이다.

한국에서 끊임없이 발생하는 갖가지 강력범죄도 존중과 관련이 있음을 보여주고 있다. 출장 수리하러 온 인터넷 기사를 살해한 집주인은 그가 자신을 무시했기 때문이라고 말했다. 여성 혐오 살인으로 널리 알려진 강남역 살인사건의 범인 역시 평소에 여성들이 자신을 무시해서 살인을 저질렀다고 말했다. 이처럼 살인이나 폭력 범죄의 배후에는 존중받지 못하면서 쌓인 거칠고 강력한 분노가 항상 자리 잡고 있다.

가난-화목사회였던 과거에는 대부분 생계형 범죄였다면, 풍요-불화사회인 오늘날에는 주로 분노형 범죄다. 오늘날 한국인들은 사소한 자극에도 분노가 무차별적으로 폭발한다. 층간 소음으로 다투다가 이웃을 흉기로 살해하고, 쓰레기 문제로 다투다가 이웃을 폭행하고, 끼워주기를 거부한 운전자를 쫓아가 그의 차를 때려 부수는 사건 등이 허다하게 벌어지는 곳이 한국 사회이다.

한국인들의 높은 분노 수준은 난폭운전이나 온라인 악플 등으로도 표현된다. 난폭운전으로 인한 교통사고 사상률이 높은데, 이 기저에는 한국인의 높은 분노 수준이 깔려 있다. 얼굴이 가려지는 상황, 즉 서로 얼굴을 대면하지 않는 운전과 온라인 환경은 유사하다고 할 수 있다. 익명성이 보장되는 이런 상황은 분노를 표출하는 통로를 열어준다. 최근 한국에서는 '박제와 조리돌림'이 유행처럼 번지고 있다. 어떤 사람이 과거에 쓴 흠 잡힐 만한 글을 찾아낸 다음 캡처해 이미지로 박제하면 사람들이 벌떼처럼 달려들어 공격을 퍼붓는 것이다.

풍요-불화사회는 분노와 관련된 사회병리 현상과 범죄 등으로 막대한 대가를 치르고 있다. 미국에서는 범죄자 한 명을 1년간 수감하는 비용이 1년간 하버드대학에서 공부시키는 비용에 필적하며, 향후 몇 년 안에 보안 분야 종사자 수가 교육 분야 종사자를 앞지를 것으로 예상한다. 미국에서는 이미 사설경찰의 수가 공공경찰의 두 배나 되고, 백화점 운영 인건비에서 청원경찰에게 지출하는 몫이 판매직원 몫보다도 많다.

분노와 관련된 사회병리 현상과 범죄율이 치솟으면 사람들은 더 불안해진다. 풍요-불화사회에서 사람들은 온라인에 무심코 남겼던 글로 조리돌림을 당하거나 범죄의 희생양이 될까 봐 두려워하면서 살아간다. 존중 불안이 분노 수준을 높이고, 분노가 상호 공격과 범죄를 낳으며 다시 불안을 증폭시키는 악순환이 반복되는 풍요-불화사회는 지속가능하지 않다.

역량 박탈 사회의 가장 큰 피해자는 누구인가

불안을 극대화시키는 풍요-불화사회는 사람의 역량을 파괴한다. 역량이란 사람의 창조적 능력이나 잠재력 등을 통칭한다. 일단 불안은 지적 능력을 파괴한다. 기분이 우울하거나 저조한 상태에서는 원활한 사고를 할 수 없다는 것을 다들 알고 있을 것이다. 우울증을 비롯한 정신질환을 앓으면 지적 능력이 저하되는데, 부정적인 감정으로 인해 정상적인 사고가 힘들어지기 때문이다. 마찬가지로 극심하고 만성적인 불안은 사람들의 사고력을 저하시킨다.

풍요-불화사회는 다층적 위계를 통해 역량을 파괴한다. 즉, 역량박탈 현상은 위계가 낮을수록 더 심각하다. 더 낮은 위계에 있는 학생일수록 학업 성취도가 하락한다. 세계은행 연구자들은 카스트제도가 있는 인도의 10~12세 아이들을 대상으로 문제풀이 실험을 했다. 아이들의 카스트를 드러내지 않았을 때에는 위계의 높낮음이 지적 능력에 영향을 미치지 않았지만, 아이들의 카스트가 드러나자 낮은 카스트에 속한 아이들의 점수가 현저하게 낮아졌다. 위계를 드러냈을 때 점수가 크게 하락한 것은 낮은 위계로 인한 평가 불안이나 존중 불안 등이 영향을 미쳤기 때문이다. 창조적 능력이나 잠재력은 위계를 불문하고 모든 사람이 가지고 있다. 더욱이 위계가 높은 사람은 소수이지만, 위계가 낮은 사람은 다수이다. 따라서 위계가 사람들의 힘과 역량을 파괴하도록 방치하면 사회 전체의 창조적 능력과 잠재력 파괴로 귀결될 것이다.

풍요-불화사회는 적성이나 재능을 차단함으로써 사람들의 역량을 파괴한다. 앞에서도 언급했듯이, 불안이 심한 사회에서 사람들은 적성과 재능에 관계 없이 돈이 되는 일을 해야만 하기 때문이다. 그 결과 사람들은 자신의 잠재력과 재능을 발견하지 못하고 계발하지도 못한다.

한국의 아동과 청소년들은 '저한테는 아무 재능도 없어요', '저는 정말 잘하는 게 아무것도 없어요'라고 말하곤 한다. 단언컨대 재능이 없는 사람은 존재하지 않는다. 아직 발견하지 못한 사람이 존재할 뿐이다. 자신의 적성이나 재능을 발견하려면 다양한 자극을 받으면서 성장해야 하고 다방면으로 풍부한 경험을 쌓아야 한다. 그러나 어려서는 오직 입시 공부만 허용되고, 커서는 돈 잘 버는 일만 하도록 강요하는 한국 사회는 사람들에게 이런 열린 기회를 제공해주지 않는다. 오늘날 한국 사회가 청년들을 공무원, 교사, 대기업 직원 등 특정 직업을 선망하도록 몰아붙이는 것은 사실상 그들의 역량을 파괴하고 나아가 한국 사회의 역량을 파괴하는 자살행위이다. 미국의 청년들도 한국의 청년들과 크게 다르지 않다. 스티글리츠는 "금융 위기가 일어나기 여러 해 전부터 미국 최고의 인재들은 금융업을 선택하는 비율이 높았고, 갈수록 그 비율이 높아졌다. 수많은 인재들이 금융업에 몰려 있으니 그 부문에서 혁신이 일어나는 것은 뜻밖의 일이 아니다"라고 말했다. 금융업에 몰려든 인재들이 일으킨 혁신의 결과가 바로 2008년의 미국발 금융위기이다.

또한 소송의 왕국인 미국에서는 청년들이 법률가를 지망하는 경우가 많다. 여러 연구에 의하면 인구 대비 법률가 비율이 높은 사회는 인재들이 과학이나 공학 같은 혁신적인 활동 대신 법률가로 방향을 바꾸기 때문에 경제의 생산성이 저하된다. 또 다른 연구들은 인구 대비 법률가가 적은 나라일수록 빠른 속도로 성장한다는 것을 보여준다. 이런 연구들은 청년들에게 강요된 직업 선택이 단지 개인적인 역량 박탈에 그치지 않고 사회의 발전을 가로막는다는 것을 잘 보여준다. 스티글리츠는 "우리는 앞으로 중국과 인도와 경쟁하는 데 필요한 기술을 갖춘 엔지니어와 과학자를 충분히 교육시키지 못하고 있다. 20세기 말에 우리에게 과학기술 분야의 발전소라는 명성을 안겨준 기초학문 연구에 대한 투자는 중단되었다"고 개탄했다.

역량 박탈의 가장 큰 피해자는 결국 청년들이다. 필자는《트라우마 한국사회》에서 나이가 젊은 세대일수록 공포와 불안이 심하다고 강조하면서, 젊은 세대를 '공포 세대'라고 명명한 바 있다. 지금까지 논의에 비추어보면, 그들이 가장 심하게 역량을 박탈당하는 세대라고 할 수 있다.

풍요-불화사회는 사람의 역량을 박탈하고 파괴함으로써 궁극적으로 사람을 말살하는 사회이다. 경제학에서는 사람을 '인적 자본'이라 부르는데, 경제학 이론에 의하면 인적 자본에 대한 투자는 장기 성장의 열쇠이다. 경제학적인 관점에서만 보더라도, 풍요-불화사회는 인적 자본을 파괴하는 사회이다. 이런 사회는 지속가능하지 않다.

'일할 맛'의 실종, 활력 상실 사회

풍요-불화사회는 활력을 상실한 사회다. 지금 이 순간에도 한국사회는 눈에 띄게 활력을 상실해가고 있다. 오늘날의 한국인들은 일할 맛도, 살아갈 맛도 느끼지 못하고 있다.

위계에 따른 차별을 당하는 사람들은 세상을 정의롭거나 공정하다고 인식할 수 없다. 세상을 부정의하고 불공정하다고 인식하면 노동 의욕을 비롯한 삶의 의욕을 상실하게 된다. 임금인상이 생산성에 미치는 효과를 측정한 실험에서는 자신이 부당한 대우를 받고 있다고 생각하는 노동자들의 임금을 인상해주자 생산성이 대폭 증가했다. 하지만 정당한 대우를 받고 있다고 생각하는 노동자들의 생산성에는 아무 변화가 없었다. 유사한 업무를 수행하는 노동자들을 대상으로 실시한 또 다른 실험에서는 일부 노동자들의 임금을 인상하고 나머지 노동자들의 임금은 인하했다. 아마 고용주들은 이럴 경우 높은 임금을 받는 노동자의 생산성은 높아지고 낮은 임금을 받는 노동자의 생산성은 낮아져서 생산성 증대 효과가 상쇄될 거라고 예상할 것이다. 그러나 실험 결과에 의하면 낮은 임금을 받게 된 노동자들의 생산성 하락 폭이 높은 임금을 받게 된 노동자들의 생산성 상승 폭보다 컸기 때문에 총 생산성은 하락했다. 10년에 걸쳐 미국의 메이저리그 29개 야구팀에 소속된 1,600명의 선수들을 대상으로 연구한 결과에 의하면 선수들의 연봉 격차가 적을수록 팀의 성적이 현저하게 높았다. 지금까지 소개한 이런 연구들은 돈을 더 준다고 해서 노동 의욕이 꼭 높아지는 것은 아니지만, 돈을 적게 주거나 깎으면 노동 의욕이 반드시 큰 폭으로 하락한다는 것을 보여준다. 또한 생산성은 협력에 의해서도 크게 좌우되므로 돈을 차별적으로 지급하는 것은 협력 분위기를 파괴함으로써 생산성을 떨어뜨린다는 것을 보여준다.

사람들은 차별을 당하면, 즉 존중받지 못하면 의욕을 상실한다. 사람들은 또한 관계가 화목하지 않아도 의욕을 상실한다. 이런 상황에서 사람들이 활력을 유지하려면 최소한 희망이라도 있어야 한다. 지금은 비록 고통스럽지만 이 시기를 참고 견디면 밝은 미래가 올 것이라는 희망을 가질 수 있다면 힘이 될 것이다.

개인 단위로 파편화된 풍요-불화사회에서 사람들이 가질 수 있는 희망이란 더 높은 위계로 올라설 수 있는 가능성, 더 많은 돈을 벌 수 있는 가능성이다. 과거에는 계층 이동, 위계 이동이 상대적으로 용이했기에 사회에는 '아메리칸드림'이나 '하면 된다'는 믿음과 희망이 있었다. 그러나 경제학자 토마 피케티가 오늘날의 자본주의를 '세습 자본주의(patrimonial capitalism)'라 명명한 것에서 알 수 있듯이, 21세기에는 희망 따위 없다.

한국인들은 돈 많은 집안에서 태어나지 못하면 좋은 대학교에 가지 못하고, 좋은 직장을 얻지도 못한다는 것을 너무나 잘 알고 있다. 과거에는 교육이 그나마 위계 상승의 주요한 통로로 작용했지만, 오늘날에는 부와 권력을 세습시키는 수단으로 전락했다. 한국은 부의 대물림이 미국보다도 심각하다. 미국에서는 100대 부자 중에서 70퍼센트가 창업자인 반면 한국에서는 75퍼센트가 상속받은 부자이다. 〈월스트리트저널〉에 의하면 재산이 1조 원 이상인 한국 부자들 가운데 84퍼센트가 부모의 재산을 상속받았는데, 이런 상속 부자의 비율이 미국은 33퍼센트, 일본은 12퍼센트, 중국은 1퍼센트 미만이다. 한국에서는 상속과 증여가 전체 재산에 기여한 비중이 2000년대에 급속하게 늘었고, 국민소득 대비 연간 상속액의 비율도 약 10퍼센트로 증가했다. 이제 '어느 위계에서 태어나느냐' 외에는 달리 방법이 없는 세상과 마주하게 된 것이다. 21세기 기술혁명 시대를 사는 젊은이들이 동시에 21세기형 신분사회에서 살게 된 것이다. 한국이 활력을 상실한 사회라는 것은 초등학교 아이들의 꿈이 '정규직'으로, 청년 세대의 꿈이 '취업'으로 한정된 것으로도 확인할 수 있다. 극심한 불안을 방어하는 데 온 힘을 집중하는 오늘날의 한국인들이 대담한 희망이나 목표를 가질 수 있을까? 지금보다 조금이라도 덜 불안해지는 것조차 버거운 상황에서 꿈을 갖는 것은 사치일 뿐이다.

사람들의 꿈은 그 사회의 활력 수준을 보여주는 징표다. 활기찬 사회에서 살아가는 사람들은 다소 거창하고 원대한 꿈을 갖지만, 활력을 상실한 사회에서 살아가는 사람들의 꿈은 하향평준화된다. 아름다운 꿈을 가져봤자 그 꿈을 실현할 가능성이 털끝만큼도 없다면, 꿈은 초라해질 수밖에 없다. 장하성은 "한 개인이 아니라 한 세대가 꿈을 포기했다면 그 사회는 미래가 없는 죽은 사회다"라고 말했다. 옳은 말이다. 꿈을 포기한 사회는 활력을 상실한 사회다.

한국이 활력을 상실한 사회라는 것은 세계 최하위의 출산율에서도 확인할 수 있다. 청년들이 출산을 하지 않는 데에는 여러 요인이 영향을 준다. 누구나 알고 있듯이, 자식을 양육하는 데 드는 막대한 비용은 출산을 포기하게 만드는 주요한 원인 중 하나이다. 그러나 청년들이 미래에 대한 희망을 가질 수 있었다면, 어려운 여건 속에서도 아이를 낳았을 것이다. 청년들은 한국 사회가 바뀌지 않을 뿐만 아니라 앞으로 더 나빠질 것이라고 생각한다. 한국의 미래를 대단히 비관적으로 바라보고 있다. 아이를 낳았을 때 그 아이가 한국 사회에서 살아가는 것이 얼마나 고통스럽고 힘든지를 너무나 잘 알고 있다. 따라서 출산율을 높이는 유일한 방법은 사회개혁을 빠른 속도로 추진함으로써 청년들에게 미래에 대한 믿음과 희망을 가질 수 있게 해주는 것뿐이다.

한국인들은 도전이나 모험을 하지 않는데, 이는 불안한 사회의 특징이다. 상대적으로 평등하고 화목한 북유럽 국가들은 인구 1인당 특허 건수가 더 많은데, 이는 혁신이 가능한 활력 있는 사회라는 것을 시사해준다. 북유럽 나라의 청년들이 혁신적인 아이디어를 제기하거나 새로운 분야에서 대담하게 창업을 하는 모습을 보고 한 한국인이 '어떻게 그렇게 할 수 있느냐'고 묻자 그들은 실패해도 괜찮기 때문이라고 대답했다고 한다. 즉 불안하지 않기 때문이라는 것이다. 스티글리츠는 "사람들은 일이 잘못되더라도 자신을 보호해줄 안전망이 있다는 믿음이 있을 때에만 고위험 고수익 활동에 도전할 수 있다. 그렇기 때문에 사회 보호가 제대로 보장되는 일부 국가들은 최근의 침체기에도 미국보다 훨씬 높은 경제 성장을 이루고 있는 것이다"라고 말하기도 했다. 북유럽 나라들의 사례에서도 알 수 있듯이 모험, 도전, 혁신, 창의성 등은 불안 수준이 낮아야 현실화되고 높아진다.

오늘날 대부분의 한국인들은 도전과 모험보다는 안전한 길만을 선호하는데, 이것은 한국 사회가 활력을 상실한 사회라는 것을 말해준다. 활력을 상실했다는 말은 죽어간다는 말과 통한다. 활력을 상실한 사회는 지속가능하지 않다.

능력주의가 저항 포기 사회를 만드는가

오늘날 풍요-불화사회에서의 불평등은 상상을 초월할 정도로 심각하다. 미국의 경우 주식시장에 상장된 기업의 CEO는 2011년에 연 960만 달러(106억 원)를 벌어들였는데, 일반 노동자가 이 정도를 벌려면 244년을 일해야 한다. 한국에서 유명 연예인은 출연료를 5천만 원 이상 받는 경우가 흔하지만, 무명 연예인은 20만 원 이상 받기 힘들다. 기업 CEO와 노동자, 유명 연예인과 무명 연예인이 동일한 소득을 받을 수는 없겠지만, 양자 사이의 격차는 지나치게 크다. 그럼에도 불구하고 풍요-불화사회에서 살아가는 사람들은 이런 격차를 당연한 것처럼 여긴다. 심지어 승리자들의 막대한 보상을 당연시하고 그것이 공정한 분배라고 생각하기까지 한다. 만일 사람들이 이런 현상을 부당하다 생각했다면, 1등에게 거액의 상금을 몰아주는 TV 프로그램은 지금처럼 인기를 끌지 못했을 것이다.

소득격차는 엄청나게 벌어졌고 그런 추세가 지속되고 있으므로 이 불평등을 끝장내야 한다는 여론이 비등해야 마땅하다. 그러나 현실은 그렇지 않다. 풍요-불화사회에서 살아가는 사람들은 불평등 문제를 적극적으로 해결하기보다는 오히려 용인하려는 태도를 보이는 경우가 많다. 한국의 경우 불평등에 대한 인식이 과거에 비해 오히려 후퇴하는 듯한 특이한 현상까지 나타났다. 2009년 한국종합사회조사에서 소득과 재산이 평등한지를 묻자 응답자들 중 15.2퍼센트는 평등하다고 대답했고, 48.7퍼센트는 불평등하다고 대답했다. 그런데 20여 년 전 동일한 질문을 했을 때 평등하다는 응답은 9.4퍼센트, 불평등하다는 응답은 71퍼센트였다. 1990년은 2009년에 비하면 소득불평등 정도가 그다지 심하지 않았다. 그럼에도 과거 한국인들에 비해 21세기의 한국인들이 오히려 불평등이 덜하다고 대답한 것이다. 물론 2011년의 한국종합사회조사에서는 "한국은 소득 차이가 너무 크다"라는 질문에 동의하는 비율이 83.9퍼센트였고, 반대 비율은 3.7퍼센트로 불평등에 대한 인식이 다시 반등하기는 했다.

불평등에 대한 한국인들의 인식이 변덕을 부린 배경에는 사회 분위기가 큰 몫을 했다고 생각된다. 즉, 부자 만들어주겠다고 호언했던 이명박을 대통령으로 선출할 정도로 돈에 대한 욕망이 극단을 치닫던 시기에 살았는가, 아니면 정의와 공정이 화두였던 시기에 살았는가에 영향을 받은 것이다. 어쨌든 이것은 한국 사회에서 불평등에 대한 인식이 지속적으로 확산되고는 있지만, 확고하지는 않다는 것을 의미한다.

한국인들은 대체로 한국 사회가 불평등하다고 인식하고 있지만, 불평등을 해결하기보다는 소득격차를 용인하려는 태도를 가지고 있다. 위의 2011년 조사에서 소득이 더 공평해져야 한다고 생각하는지 아니면 노력한 만큼 차이가 있어야 한다고 생각하는지를 물었을 때, 소득의 차이가 적어야 한다는 의견은 17.8퍼센트에 불과한 반면 노력하는 만큼 차이가 나야 한다는 의견은 70.5퍼센트였다. 2018년에 실시한 조사에서도 비슷한 경향이 발견된다. 이 조사에서 사회적 성공이 연줄 등 사회 배경에 달려 있다고 대답한 사람의 비율은 67퍼센트였고, 관계 없다고 대답한 사람의 비율은 24퍼센트였다. 이것은 다수의 사람들이 한국을 노력보다는 출신성분에 의해 성공이 좌우되는 불평등한 사회로 인식하고 있음을 보여준다. 그러나 이 조사는 동시에 한국인들이 적극적으로 평등을 추구하기보다는 소득격차, 소득 차별을 용인하는 태도를 가지고 있음을 확인시켜준다. 소득분배와 관련한 질문에 '다른 사람보다 훨씬 많은 돈을 버는 것은 나쁘지 않다'고 대답한 비율은 67퍼센트였고, '사람들은 모두 동등한 수준으로 돈을 벌어야 한다'고 대답한 응답은 19퍼센트였다.

풍요-불화사회는 사회가 불평등하다는 인식과 불평등을 용인하는 태도가 공존하는 사회다. 왜 사람들은 불의에 저항하기보다는 불평등한 현실을 수긍하는 것일까? 그 이유는 다음과 같다.

1. 부자들의 이데올로기, 능력주의

풍요-불화사회에서 살아가는 사람들이 저항을 포기하는 것은 이데올로기 전쟁에서 부자들이 승리해왔고 또 지금도 승리하고 있어서다. 부자들과 어용학자들은 불평등을 당연한 것이라거나 불가피한 것이라고 선전한다. 반면에 가난한 다수를 대변하는 진보 학자들은 불평등은 부정의하고 잘못된 것이며 시정할 수 있다고 주장한다. 이 이데올로기 전쟁에서 항상 부자들이 승리할 수밖에 없는데, 그들이 권력, 언론, 교육, 문화 등 사회 전반을 지배하고 있어서다.

사회주의진영이 붕괴하기 이전인 1980년대까지는 자본주의 나라들에서도 진보 이데올로기가 나름 힘을 썼다. 하지만 소련과 동구 사회주의가 붕괴한 이후의 시기, 즉 미국이 전 세계를 지배하는 유일한 패권국가로 등장해 신자유주의화를 거세게 밀어붙이던 시기부터는 자본주의 나라들에서 진보 이데올로기는 거의 자취를 감추게 되었다. 그 결과 1990년대부터 전 세계인들은 부자들과 어용학자들의 거짓 선전과 설교를 일방적으로 들어야만 하는 처지로 전락했다. "현대의 빌어먹을 경제학자들에 의해 신자유주의적 혹은 통화주의적 자본주의가 종교적인 믿음을 형성하면서, 경제적 차별을 당연한 사회현상으로 받아들이도록 강요하고 있다"는 경제학자 이정전의 말처럼, 부자와 빈자 사이의 이데올로기 전쟁에서 부자들이 한판승을 거두게 됨으로써 그들의 이데올로기가 절대다수의 머릿속으로 침투해 장악한 것이다.

부자들의 이데올로기 중에서 오늘날 가장 큰 위력을 발휘하는 것은 능력주의다. 능력에 따른 소득 차이는 당연하다는 견해이다. 능력주의는 능력에 의해 발생한 불평등은 정의롭고 공정한 것이라는 궤변을 주요 골자로 하는 부자들의 이데올로기다. 능력주의 이론가들은 달리기경주에서 1등에게 100만 원을 주고 2등에게는 20만 원을 주는 것이 정의롭고 공정하다고 주장한다. 만일 한 사람이 연승하면 빈부격차, 즉 불평등이 커질 테지만 여전히 정의롭고 공정하다고 우겨댄다. 이런 주장은 달리기경주 참가자들이 완전히 평등한 조건일 때나 최소한의 타당성을 가질 수 있다. 그러나 현실에서는 완전히 평등한 조건에서 달리기경주가 진행되는 경우가 거의 없다. 재벌가 후손과 가난한 가정에서 태어난 사람이 평등한 조건에서 달리기경주에 참가한다고 말할 수는 없지 않은가.

오늘날 한국 사회에는 아이를 잘 키우는 3대 조건이 '할아버지의 재력, 아빠의 무관심, 엄마의 정보력'이라는 말이 널리 퍼져있다. 풍요-불화사회에서 능력주의란 허울 좋은 말일 뿐이다.

하지만 문제는 부자들의 끊임없는 이데올로기 공세로 사람들이 의식적이든 무의식적이든 능력주의를 믿고 지지한다는 데 있다.

능력주의는 모든 것을 능력 탓, 즉 개인 탓으로 하게 만든다. 동시에 개인들이 자신의 능력을 높여 더 많은 돈을 버는 것이 정의롭고 공정하다고 주장함으로써 사람들에게 사회 개혁에 애쓰지 말고 개인적으로 노력을 더 하라고, 자신의 능력을 높이는 데에나 집중하라고 설교한다. 이 때문에 능력주의가 보편화된 사회에서는 자기계발이 크게 유행한다.

자기계발이란 결국 성공을 위해 자기의 능력을 높이는 것인데, 성공하면 고소득자가 될 수 있다. 그리고 그런 결과는 전적으로 정의롭고 공정한 것이므로 양심의 가책 따위를 가질 필요가 없다. 자기계발서들은 신자유주의 이데올로기가 확산되던 1990년대부터 베스트셀러가 되기 시작해서 지금까지도 꾸준히 출간되고 있으며 여전히 잘 팔리고 있다. 능력주의와 그로 인한 자기계발 열풍은 불평등이 초래하는 고통으로 신음할 때마다 서로에게, 그리고 자신에게 "핑계 대지 말고 스스로를 계발하라!"고 채찍질한다. 능력주의에 물들면 사람들은 저항을 포기한 채 개인적 노력에만 매달리게 된다.

능력주의에 따르는 부의 분배는 현실적으로 가능하지 않을 뿐 아니라 정의롭거나 공정하지도 않다. 능력주의는 능력에 따른 사회적 기여도나 생산성에 따라 차등으로 보상하는 것이라는 데, 이에 따르면 위대하고 긍정적인 혁신으로 사회에 기여한 사람들, 예를 들면 유전공학의 개척자들이나 정보화시대의 개척자들이 금융 혁신의 주역들보다 훨씬 더 많은 돈을 벌었어야 한다. 하지만 그들이 번 돈은 푼돈에 불과하다. 스티글리츠는 애플의 스티브 잡스나 페이스북의 최고경영자인 마크 저커버크 같은 천재들이 월드와이드웹을 창안한 팀 버너스-리 같은 위인들의 업적을 기반으로 기업 왕국을 세웠지만, 〈포브스〉의 억만장자 목록에는 팀 버너스 리의 이름은 없다면서 "그는 마음만 먹으면 충분히 억만장자가 될 수 있었지만 그 길을 선택하지 않았다. 그는 자신의 아이디어를 무상으로 공개했고, 그 덕에 인터넷이 급속도로 발전할 수 있었다"고 말했다. 이처럼 현실은 사람들이 사회적 기여도에 따라 보상을 받지 않으며, 따라서 그것 때문에 불평등이 심해진 것이 아니라는 것을 보여준다. 풍요-불화사회에서는 사회적 기여도가 높은 사람이 아니라 더 탐욕스럽고 더 사기를 잘 치는 사람에게 더 많은 돈이 차례진다.

사회적 기여도나 생산성에 따라 보상을 한다는 주장이 현실에서 가능하지 않은 것은 이를 정확히 측정하는 것이 사실상 불가능하기 때문이다. 예를 들면 재판장이 판결봉 두들기는 것과 목수가 망치를 두들기는 것의 사회적 기여도 차이를 인정하더라도 그 차이가 얼마인지를 객관적으로 정확히 측정하는 것은 불가능하다. 이런 측정을 더욱 어렵게 만드는 것은 개인의 사회적 기여도가 순수하게 그 사람 혼자만의 기여도가 아니기 때문이기도 하다. 모차르트나 베토벤과 같은 위대한 음악가들은 이전 시대의 음악가들로부터 큰 영감을 받았을 뿐만 아니라 당대에 유행하던 민요 등에 기초해서 작곡을 했다. 이 경우에 순수한 개인의 몫이 어느 정도인지 정확히 측정할 수 있을까? 위대한 과학자들 역시 이전 시대의 과학자들은 물론이고 동시대의 학문적 성취에 기초해 학문적 업적을 남겼다. 뉴턴은 거인들의 어깨 위에 섰기에 자신이 업적을 이룰 수 있었다고 말하기도 했다. 삼성의 사회적 기여도를 측정하는 것도 어렵지만, 그중에서 이재용의 개인적 기여도 측정은 더 어렵다. 벤처 자본가이자 젠자임 회사의 전 CEO인 짐 셰르블롬은 "부는 도로, 교통기관, 시장 등 모든 공공재와 공공 투자를 활용하여 창출된다. 우리 모두는 선조들의 업적을 활용하고 있으며, 또한 후손들을 위한 사회를 만들어가고 있다. 우리는 그 사회의 일부로서 (사회에 대한) 책무를 지고 있다"고 말했다. 개인의 업적은 이전 시대 인류의 업적이고, 사회의 도움 없이는 불가능한 것이므로 설사 누군가의 업적이 제아무리 크다 한들 그가 부를 모두 가져가는 것은 잘못이라는 말이다. 이런 이유들 때문에 합당한 소득분배를 연구했던 알페로비츠와 루 데일리는 "지금 우리가 누리는 것 가운데 태반이 과거 수많은 세대들의 기여를 공짜로 전해 받은 것이다. 따라서 지금이나 미래에 어느 한 사람의 소득이 얼마가 되어야 합리적이라고 할 수 있는가를 따지는 것은 아주 어려운 문제"라고 결론지었다. 마멋은 풍요-불화사회가 사회적 기여도, 즉 사람의 가치에 따라 보상하지 않는다고 신랄하게 풍자했다.

엄청난 고소득을 올리는 은행가나 헤지펀드 매니저에게 당신들이 왜 그렇게 많은 보수를 받는다고 생각하냐고 물어보면 이런 대답이 나올 것이다. "그만한 보수를 받을 가치가 있으니까요." 하지만 당신이 그만한 가치가 있는지 우리가 어떻게 아는가? "얼마 받는지를 보면 알지요." 완벽한 논리군. (…) 낮은 임금은 그들의 가치가 낮다는 의미다. 그들이 더 가치가 있다면 돈을 더 받지 않겠는가? 마이클 마멋, 《건강 격차》, 동녘, 2017.

필자는 지금까지의 논의들에도 불구하고 개인들의 사회적 기여도에는 차이가 있으며, 그에 따라 보상을 달리하는 것이 공정하다는 주장에 동의할 수 있다. 하지만 이때의 보상은 돈이 아니라 사회적 평가여야 한다. 비록 그 정도를 정확히 측정하지는 못한다 할지라도 말이다.

한글을 창제한 세종대왕이 농사를 짓는 일반 농부의 사회적 기여도보다 높으며, 일제강점기에 이토 히로부미를 척살한 안중근 의사가 독립운동에 무관심했던 소시민보다는 더 높다고 생각한다. 그렇다고 해서 사회가 세종대왕이나 안중근 의사에게 반

지기를 바란다. 그리고 그 보상이 반드시 돈이어야 한다고 믿는다. 따라서 낮은 위계 사람들의 처우 개선이나 소득 증가는 부정의하고 불공정한 일이다. 한마디로 자신과 낮은 위계의 소득격차가 그대로 유지되는 것이 정의이다. 참고로 직업에 따른 소득격차가 별로 크지 않은 북유럽 사람들은 돈을 벌기 위해 직업을 선택하지 않는다. 예를 들면 돈을 벌려고 의사가 되는 것이 아니라 그 직업이 좋아서 의사가 된다. 따라서 의사가 되기 위해 열심히 공부한 것을 억울하게 여기지 않으며 그것을 돈으로 보상받으려고 하지도 않는다. 나아가 자기가 열심히 공부할 때 공부하지 않았던 사람들이 자기보다 돈을 덜 받아야 한다고 생각하지도 않는다. 의사에 대한 사회적 평가와 존경이면 충분하다고 생각한다.

돈이 유일하고 가장 강력한 보상으로 등극한 사회에서 살아가는 사람들은 불평등이나 차별을 필요로 한다. 그래야 조금이라도 덜 불안해질 뿐만 아니라 세상이 정의롭고 공정하다고 착각하면서 살아갈 수 있기 때문이다. 이것은 풍요-불화사회가 불평등을 용인하고 차별에 찬성하는 사회라는 것을 의미한다.

4. 무력감

풍요-불화사회에서는 위계 간 불화, 위계 내 불화로 사람들이 모래알처럼 흩어져 있다. 이런 사회에서는 연대의식이나 계급

의식, 공동체의식 등이 발을 붙이기 힘들다. 진흙으로는 집을 지을 수 있지만, 모래알로는 집을 지을 수 없다. 루소는 "사슬에 묶인 노예들은 모든 것을, 심지어 그것들을 제거하고 싶은 욕망조차도 잃는다"고 말했다. 사슬에 묶여 있는 데다 모래알처럼 흩어져 있다면 어떻게 될까? 당연히 극도로 무력해질 것이다. 무력해진 사람들은 세상이 불평등하다는 것을 알고 있어도 변혁할 수 있다고 믿지 않는다. 연대의식을 상실한 무력한 개인들은 불평등한 현실을 용인할 수밖에 없다. 그래서 오직 한 가지만 바라게 된다. 위계 상승을 위한 자신의 노력을 사회가 공정하게 평가하고 보상해달라는 것이다. 물론 그 보상은 돈이어야만 한다.

오늘날 한국인, 특히 젊은 세대가 원하는 정의와 공정은 부정의한 세상을 뒤바꾸는 것을 의미하지 않는다. 시험 성적을 기준으로 공정하게 공무원을 뽑는 것처럼, 자신의 절실한 노력만이라도 제발 공정하게 평가해달라는 의미다. 풍요-불화사회에서의 정의, 특히 청년들이 추구하는 정의는 체제순응적인 정의이고, 개인주의적인 정의이다. 즉 그것은 불평등과 차별을 전제로 하고 필요로 하는 왜곡된 정의이다.

똑같이 정의로운 사회를 말해도 80년대 청년세대가 추구했던 '정의'로운 사회와 오늘 90년대생들이 지향하는 '정의'로운 사회는 확연히 다르다. 똑같이 '공정'을 요구해도 과거 청년세대의 공정함의 기준과 오늘 청년세대의 공정함의 기준은 다르다. (…) 그들의 요구는 '최소한 개인의 노력 앞에 공정한 세상'이 되게 해달라는 것이다. 어쩌면 본인들이 '더 노력할 수 있게' 해달라고 요구하는 것이기도 하다. 박원익·조윤호,《공정하지 않다》, 지와인, 2019.

풍요-불화사회는 사람들에게 저항을 포기하고 불평등을 용인하게끔 강요한다. 불의에 저항을 포기한 사회는 지속가능하지 않다. 이는 한국 사회가 지속가능하지 않다는 것을 의미한다.

6장

인간은 왜 정의를 원하는가?

결정적 역할을 소수의 부자들만이 하는 것, 생존의 자유와 권리를 보장하지 않고 의무만을 강요하는 것, 노동을 하지만 생존조차 버거운 것, 동일한 죄에 동일한 벌을 적용하지 않는 것, 모두다 부정의이다. 지금이 이러한데, 왜 우리는 저항하지 않는가?

불평등은 관계를 악화시킴으로써 사람들을 고통스럽게 만든다. 또한 세상이 정의롭지 않다는 인식을 초래함으로써 사람들을 고통스럽게 만든다. 이를 부정의로 인한 고통이라고 말할 수 있다. 오늘날의 한국인들은 한편으로는 불평등을 용인하지만 그 이상으로 불평등이 해결되기를 갈망하고 있다. 2018년에 실시한 조사에 의하면 정부가 소득격차를 줄이기 위해 조치를 취해야 한다고 응답한 사람의 비율이 83퍼센트였고, 그렇지 않다고 응답한 사람은 15퍼센트였다. 이런 조사 결과들이나 2010년경부터 한국 사회에서 정의와 공정이 시대적 화두로 부상한 것 등은 한국인들이 정의 실현을 원하고 있음을 보여준다.

직장 스트레스에 관한 연구들에서 노력에 비해 보상이 적은 부정의한 상황은 직장 스트레스의 주요한 원인으로 나타난다. 마멋에 따르면 노력과 보상의 불균형은 심장병과 정신질환의 위험을 높인다. 또한 조직 내 불의에 대한 인식 역시 질병 위험을 증가시킨다. 이런 연구들은 부정의로 인한 고통이 사람들의 마음과 몸을 파괴한다는 것을 보여준다. 사람들은 왜 정의를 원하는 것일까? 왜 정의롭지 않으면 고통스러운 것일까? 그것은 사람이 도덕적인 존재이기 때문이다.

인간의 존엄과 품격을 결정하는 핵심 가치

일부 경제학자들은 사람을 오로지 경제적 이익만을 좇는 존재처럼 묘사했지만, 이는 인간에 대한 무지를 드러내는 비과학적 주장일 뿐이다. 앞에서 살펴보았지만, 돈에 대한 욕망이나 이기주의는 풍요-불화사회의 병리 현상이지 인간 본성이 아니다. 반면에 도덕적 요구나 욕망은 인간 본성과 관련이 있다. 돈을 최고로 치는 풍요-불화사회들도 장기 매매는 금지한다. 장기를 시장에서 자유롭게 사고팔면 많은 생명을 구할 수 있으며 경제적으로 효율적이다. 하지만 사람들은 장기 매매를 도덕적으로 잘못된 것이라고 판단하기 때문에 반대한다. 이것은 풍요-불화사회에서 살아가는 사람들에게도 나름의 도덕이 있고, 그것을 중시한다는 것을 보여준다.

사람은 사회적 관계를 맺고 사회적으로 활동한다. 도덕적 생활과 관계는 사람들의 사회적 활동과 관계에서 중요한 자리를 차지한다. 사람은 혼자 사는 것이 아니라 사회적 집단 속에서 관계를 맺고 사는 존재이다. 사람은 단지 경제적 활동과 경제적 관계만이 아니라 도덕적 활동도 하고 도덕적 관계도 맺는다. 사람에게 도덕적 활동과 관계는 경제적 활동과 관계보다 더 중요하다. 이것은 사람들이 경제적으로 손해를 봤을 때보다 도덕적으로 무례한 일을 당했을 때 더 심하게 분노하고 고통받는 것에서 알 수 있다.

　존중받지 못했을 때 겪는 커다란 고통 역시 사람을 존중하지 않는 것이 도덕적으로 옳지 않다는 도덕적 판단에 기초한다. 최근 한국에서는 정부 관리나 국회의원 등의 도덕성과 관련해 격렬한 싸움이 벌어지곤 하는데, 이런 현상들도 사람들이 도덕성에 얼마나 민감한지를 잘 보여준다.

　사람은 도덕적 존재이기 때문에 자신은 물론이고 타인들의 모든 행동이 도덕적 평가의 대상이 된다. 사람들은 타인들을 평가할 때 반드시 도덕적 평가를 한다는 것이다. 누군가와의 첫 만남에서 '그 사람 참 예의 바르더라', '그 사람 참 싹수가 없더군' 같은 평가들이 바로 도덕적 평가다. 사람의 행동은 항상 이런 도덕적 평가를 거치기 때문에 타인들에게 도덕적 혹은 비도덕적이라 인식된다. 도덕적 평가는 개개인들이 하지만 그것은 어디까지나 사회적 평가이다. 즉 개개인들은 사회에서 널리 통용되는 기준에 기초해 도덕적 평가를 한다.

　사람에 대한 평가에서 도덕적 평가는 매우 중요한 자리를 차지하는데 그것은 인간의 도덕적 행위가 기본적으로 감정정서적으로 체험되기 때문이다. 도덕적 행위는 항상 사람들의 기분과 감정에 직접적으로 영향을 미친다. 예를 들어 아랫사람이 윗사람한테 반말을 섞어서 얘기하면 윗사람의 기분은 즉시 나빠진다. 이런 식으로 사람은 다른 사람의 도덕적 행위를 접하면서 유쾌하거나 불쾌한 감정정서를 느낀다. 이것은 사람에 대한 도덕적 평가가 기본적으로 감정정서적 평가라는 것을 말해준다. 여타의 문제들에서는 평정을 잘 유지하는 사람들도 도덕적 문제와 관련해서는 분노를 자제하지 못하는 경우가 많은데, 이것은 도덕적 평가가 감정정서적 평가라는 것과 밀접한 관련이 있다. 따라서 도덕적 평가는 사람들이 누군가에게 호감을 가지느냐 반감을 가지느냐, 협력하느냐 싸우느냐를 판단하는 데 결정적인 영향을 미친다.

사람들이 어떤 대상이나 상황을 정의롭다고 판단하면 긍정적인 감정을 체험하지만, 그 반대의 경우에는 부정적인 감정을 체험한다. 정의나 부정의에 대한 판단은 도덕적 평가에 기초하는 것이므로 감정정서적으로 체험된다. 즉 사람들은 정의에 기뻐하고 부정의에 분노한다. 부정의로 인한 고통은 바로 여기에서 비롯된다.

풍요-불화사회는 사람의 가치를 돈이나 위계로 평가한다. 하지만 이런 사회에서도 의연히 사람의 가치를 평가하는 중요한 기준이 있는데 그것이 바로 도덕이다. 사람들은 타인을 도덕적으로 평가하고 그 결과에 따라 그 사람의 가치를 결정한다. 사람들은 도덕적인 사람을 가치 있는 사람으로 평가하면서 존경하지만, 그렇지 않은 사람은 가치가 없는 사람으로 평가하면서 비난하고 조소한다. 이것은 도덕이 풍요-불화사회에서도 인간의 존엄과 품격, 가치 등을 규정하는 중요한 요인으로 작용하고 있음을 보여준다.

최근에 한국인들은 타인을 도덕적으로 흠집 내는 데 지나치게 열중하는 듯한 모습을 보인다. 그런 행위는 타인의 가치를 떨어뜨림으로써 자신의 가치를 높여준다. 돈이나 위계로는 열등감을 면치 못하는 사람들도 타인들의 도덕적 결함을 공격하면 도덕적 우월감을 느낄 수 있다. 그리고 이것은 위계 상승이 불가능한 사람들에게 불안을 방어해주는 유력한 수단이다.

도덕이란 개념은 어떻게 생겨났는가

|

도덕이 사람에게 왜 중요한지를 이해하려면 도덕이 언제 어떻게 발생했으며 그 본질과 기능이 무엇인지를 알아야 한다. 도덕은 인류의 탄생, 즉 사회가 탄생하면서 싹을 틔웠다. 일반적으로 집단은 그 구성요소들에 귀착시킬 수 없는 새로운 질을 가진 유기적 전일체이다. 집단은 개별적인 요소들을 자기의 본성에 맞게 변화시키며 개별적 요소들은 집단을 이룸으로써 집단의 질을 체현하게 된다. 사회라는 집단도 개별적 구성원들에게 귀착시킬 수 없는 새로운 속성과 질을 가진다. 즉 사회는 개별적인 존재들을 자기의 본성에 맞게 변화시키며 개별적인 사람들

은 사회의 한 성원이 됨으로써 사회의 성원이 되기 전에 가지고 있던 일련의 속성을 버리고 새로운 질, 사회적 속성을 가지게 된다. 집단이 개별적 구성원들의 질을 변화시키는 것은 군대를 떠올려보면 쉽게 이해할 수 있다. 군대는 전쟁에서 승리하기 위해 조직된 집단이다. 따라서 군대는 지휘명령 체계, 전투동원 체계 등을 중심으로 사회적 관계를 형성시키며 강력한 조직규율이나 전투규율 등을 요구한다. 이 때문에 개개인들은 군대에 입대하면 군대라는 집단이 부여하는 새로운 질이나 속성을 갖게 된다.

사람은 사회를 이루어 살아가기 이전에는 동물과 질적으로 차이가 없었다. 사회가 탄생하면서 사람은 사회가 부여하는 질과 속성을 체현하게 된다. 이것은 사회라는 집단을 이루기 전의 개인들은 생물유기체로서의 사람이지만, 사회라는 집단을 이룬 이후의 개인들은 사회적 존재로서의 사람이라는 것을 의미한다. 도덕은 사람이 사회적 존재가 되면서 발생했다.

사회는 구성원들에게 사회적 속성을 갖게 할 뿐만 아니라 집단생활을 하게 하고 사회적 관계를 맺게 한다. 자연에 순응하고 자연물을 있는 그대로 이용하면서 생존해나가는 동물에게는 집단생활보다 분산적인 개별 활동이 더 유리하다. 그러나 자연을 개조하고 지배하면서 살아가는 사람에게는 집단생활이 필요하다. 자연에 순응하면서 자연에 있는 것을 그대로 섭취하는 것은 개별적으로도 할 수 있지만 자연을 개조하고 지배하는 일은 개별적으로 할 수 없다. 사람은 오직 사회적으로만 자기의 존재를 유지하며 자기의 목적을 실현해나갈 수 있기 때문에 사회생활, 공동생활을 하게 되었다. 그리고 공동생활을 하려면 공동의 행동규범이 있어야 했다.

최초의 도덕은 사람이 사회를 이루어 살기 시작한 원시공동체 사회에서 발생했다. 원시공동체 사회에서 사람들은 공동의 요구를 내세우고 힘을 합쳐 실현했다. 이런 원시공동체 사회에서 공동의 행동규범들이 탄생했는데, 이것이 최초의 도덕이다.

원시인들은 일정한 관계를 맺고 공동의 행동규범을 지키는 것을 관습적으로 수행했다. 원시인들의 의식 수준은 매우 낮았고, 사회적 의식도 오늘날 사람들처럼 분화되어 있지 못했기 때문이다. 따라서 초기 원시공동체 사회에서 완전한 의미의 도덕이 발생한 것으로 보아서는 안 된다. 원시인들은 의식 수준이 매우 낮아서 집단과 개인을 구분하지도 못했고, 자기 자신을 자각하지도 못했다. 즉 원시인들은 집단과 개인, 객관과 주체가 분화되지 못한 원시적인 통일 관념을 갖고 있었다. 한마디로 원시인들에게 집단과 개인은 융합체였던 것이다. 이 시기의 원시인들은 공동생활에 이익을 주는 행동을 도덕적이라 간주했다. 여러 연구에 의하면 원시인들은 평등한 집단생활을 했다. 모든 구성원이 주요한 문제를 토론하는 데 평등한 권리를 가지고 참가했으며 만장일치로 결정을 채택하는 것이 일반적이었다. 집단생활은 구성원들의 행동을 통솔하는 지휘 기능을 필요로 한다. 이 때문에 원시인들은 추장 같은 지휘자를 선출했다. 하지만 지휘자들에게는 특권이 없었고, 다른 사람들과 구별되는 특별한 생활을 하지도 않았으며, 그들에게 특별히 큰 무덤을 만들어주지도 않았다.

원시공동체 사회에서는 공동생활에 이익이 되는 것이 도덕이었으며, 협력을 거부하는 것은 비도덕적이라 간주되었다. 일할 수 있는 사람은 모두 일했고, 다른 사람의 노동으로 살아가는 의존적인 생활은 허용되지 않았다. 따라서 노동을 하지 않거나 기피하는 것 역시 비도덕적인 것으로 간주되었다. 하지만 그들의 이런 규범은 온전한 의미에서의 도덕이 아니었다. 원시공동체 사회 후기부터 노예제사회로 넘어가는 시기에 비로소 온전한 의미의 도덕이 발생할 수 있는 객관적 조건이 마련되었다. 이 시기 사람들에게는 아주 기초적이고 구체적이지만 선과 악 등에 대한 도덕적 표상과 감정 등이 생겨났고, 특히 공동의 행동규범이 도덕의 핵심으로 자리 잡았다. 이후 사회적 의식의 하나인 도덕은 사회가 발전하면서 더욱 분화하고 발전해 풍부한 내용을 갖게 되었고 일반적인 도덕 개념들이 형성되고 발전했다. 도덕이 발생하고 준수되어온 장구한 역사적 과정에서는 때때로 가혹한 징벌이 동반되기도 했다. 예를 들면 공동의 노력으로 얻은 음식을 개인이 훔쳤을 때 가혹하게 징벌했고 죽이기까지 했다. 물론 법적인 처벌은 아니었고, 공동 행동규범(도덕규범)을 지키지 않은 것에 대한 처벌이었다. 법이 발생한 후 도덕은 강제력에 의하여 지켜지는 법규범과 사회여론에 의해 지켜지는 도덕규범으로 분화되었다.

'자각적으로 지킨다'는 의미를 되새겨야 하는 이유
|

도덕이란 사람들이 사회와 집단, 그리고 타인들과의 관계에서 자각적으로 지켜야 할 행동규범이다. 사람은 사회를 이루고 공동생활을 한다. 그러려면 사람들은 서로 연결되어야 하고 일정한 관계를 맺어야 한다. 이는 사람들이 자기의 요구와 이해관계를 서로 조절하며 협력해 살아간다는 것을 의미한다. 개개인들의 요구와 이해관계는 똑같지 않으며 실현할 수 있는 능력도 다르다. 따라서 공동생활에서는 반드시 사람들의 요구와 생활력이 조절되어야 한다. 만일 이해관계가 조절되지 않고 요구를 실현하는 데 필요한 것들이 교환되지 않는다면, 즉 사람들이 서로 협력하지 않고 노력을 교환하지 않으면 사회라는 집단은 형성될 수 없고 공동생활도 이루어질 수 없을 것이다.

사회의 공동생활을 위해 필수적인 사람들의 생활상 요구와 노력의 조절은 일정한 질서와 규칙을 필요로 한다. 그래야 모든 사람이 우선적으로 실현해야 할 공동의 요구를 지키고 그에 따라 행동할 수 있다. 사람들이 노력을 교환하고 협력하는 질서가 정해져야 사회적 차원에서 노력이 효율적으로 조직되고 사람들이 자기에게 부과된 노력을 분담하여 수행할 수 있다. 만일 어떤 요구를 실현하기 위해 사람들이 힘을 어떻게 써야 하는지에 대한 질서와 규칙이 없다면 사람들의 힘이 효과적으로 이용될 수 없고, 공동행동이 불가능해지며, 그 요구를 실현할 수 없게 될 것이다. 즉 사람들의 지위와 역할이 일정한 질서에 따라 정해져야만 사회라는 집단이 성립될 수 있고 공동생활이 가능해진다는 것이다.

사회 공동생활에서 사회적 관계의 공고한 체계가 사회제도이고, 그것을 생활규범화 또는 행동규범화한 것이 도덕과 법이다. 도덕과 법은 사람들의 행동규범과 관련이 있다는 점에서 공통성을 가진다. 그러나 도덕은 양심과 사회여론, 관습 등에 의해 유지되고 지켜지지만, 법은 국가의 강제력에 의해 유지되고 집행된다. 양심은 사람이 도덕규범을 자각적으로 지켜나가도록 만드는 내적인 요인이다. 사람은 자기의 양심에 비추어 도덕적인 행동과 비도덕적인 행동을 판별하며 도덕적으로 행동한다. 도덕은 또한 양심과 함께 사회여론에 의해 지켜진다. 양심이 사람의 도덕적 행동을 규제하는 내적인 요인이라면, 사회여론은 외적인 요인이다. 칭찬과 비난의 형태로 표현되는 사회여론은 매우 강력한 힘으로 사람들의 행동을 조절하고 통제한다. 사람이 도덕규범을 지키는 데에는 관습도 영향을 미친다. 관습이란 사람들의 행동이 오랜 기간에 걸쳐 굳어져서 습성화된 것을 말한다. 이러한 관습은 사람들이 도덕규범을 지키는 데 큰 사회적 힘으로 작용한다. 결론적으로 도덕은 사람들의 모든 행동규범을 포괄하는 것이 아니라 양심과 사회여론, 관습에 의해 자각적으로 지켜지는 행동규범만을 포괄하는 사회적 의식의 한 형태이다. 도덕은 '자각적으로 지키는' 공동의 행동규범이다.

도덕은 도덕적 견해와 감정을 포괄한다. 연장자에게 먼저 인사를 하는 것, 실수를 하면 사과하는 것이 도덕적 견해에 속한다. 도덕적 견해가 신념화되면 도덕적 신념이 된다. 도덕적 감정이란 도덕과 관련된 감정이다. 도덕적 감정은 자신을 포함해 사람들이 정의로운 행동을 하면 긍정적인 감정을 체험하고, 그 반대의 경우에는 부정적인 감정을 체험하게 한다. 이것은 도덕적 견해나 신념이 도덕적 감정과 결부되어야만 도덕적 행동을 촉발할 수 있음을 의미한다. 즉 도덕은 도덕적 견해와 도덕적 감정을 모두 포괄해야만 비로소 제 역할을 할 수 있다. 도덕적 견해가 빈약하면 도덕적인 행동을 할 수 없다. 예를 들면 버스에 탈 때 차례대로 타야 한다는 규범을 알지 못하면 본의 아니게 새치기를 할 것이다. 도덕적 감정이 부실한 경우에도 도덕적인 행동을 할 수 없다. 버스에 탈 때 차례대로 타야 한다는 규범을 알고 있지만, 그런 행동을 해도 부끄러움이나 수치심을 느끼지 못하는 사람은 새치기를 할 것이다.

결국 도덕적 평가에서 벗어날 수 없다

도덕은 사람들의 행동을 규제한다. 도덕은 다음과 같은 기능을 수행한다.

첫째, 도덕은 사람들의 행동에 대한 사회적 가치를 판단하고 평가하는 기능을 수행한다. 도덕은 어떤 행동이 옳고 그른지 판단할 수 있게 해준다. 또한 행동의 사회적 가치를 평가하는 기능도 수행한다. 사람들의 행동에 대한 도덕적 평가는 일반적으로 칭찬과 비난으로 이어진다. 사람들은 도덕적 행동을 칭찬하지만, 비도덕적이면 비난을 퍼붓는다. 칭찬과 비난은 대단히 큰 영향력을 가지고 있어서 사람들의 행동을 좌우한다. 사람들의 모든 행동은 다른 사람들의 도덕적 평가에서 벗어날 수 없고, 도덕적 평가의 영향하에서 진행된다. 도덕적 평가는 인간적인가 비인간적인가에 대한 평가로서 숱한 평가들 중에서도 가장 강력한 평가라고 할 수 있다.

둘째, 도덕은 감정과 정서를 불러일으키는 기능을 수행한다. 사람들은 사건을 맞닥뜨릴 때 반드시 일정한 감정을 갖는데, 그 감정에는 도덕적 감정도 포함된다. 이런 도덕적 감정은 크게 두

가지 형태로 구분할 수 있다. 하나는 다른 사람들의 행동에 대한 감정이고, 다른 하나는 자기 자신의 행동에 대한 감정이다. 다른 사람들의 행동에는 공감과 반감, 사랑과 증오의 감정 등을 갖는다. 도덕적 행동에는 공감과 사랑의 감정을, 비도덕적 행동에는 반감과 증오심을 갖는다. 자신에게는 영예감과 긍지감, 가책과 수치감 등을 가질 수 있다. 이렇게 도덕은 사람들의 행동을 평가하고 감정을 불러일으키는 중요한 기능을 수행하기 때문에 사람에게 거대한 영향력을 행사하는 것이다.

오늘날의 주류 도덕은 무엇인가
|

도덕은 보편적이면서 상대적이다. 모든 시기와 모든 사회에 적용되는 보편적인 도덕이 있고, 특정한 시기와 특정한 사회에만 적용되는 상대적인 도덕이 있다. 예를 들면 '살인하지 말라'는 것은 보편적인 도덕이고, '아버지의 이름을 함부로 부르지 말라'는 상대적인 도덕이라고 할 수 있다. 보편적인 도덕이 있기는 하지만 기본적으로 도덕은 상대적이다. 도덕은 역사적 시기와 사회, 문화 등에 따라 달라진다. 노예제사회에서 노예를 소유하거나 사고파는 행위는 부도덕한 것이 아니었다. 하지만 오늘날에는 부도덕한 행위다.

사회에서 주류 도덕의 지위를 차지하는 것은 지배집단의 도덕이다. 그 예로 노예제사회에서는 지배계급인 노예주의 도덕이 주류 도덕이 된다. 봉건제사회에서도 신분제에 기초한 지주계급의 도덕이 주류 도덕이 된다.

자본주의사회는 물건, 특히 돈이 모든 것을 지배하는 사회이다. 돈이 모든 것을 결정하며, 돈을 가진 사람만이 모든 것을 지배하고 소유할 수 있다. 자본주의사회에서는 사람들의 인격이나 가치까지도 돈에 의해 규정된다. 나아가 사람들의 인격은 돈의 액수로 규정되며 매매된다. 그 결과 사람은 무인격적인 존재, 상품 인간으로 전락한다. 사람의 가치도 그의 돈주머니에 의해 결정된다. 즉 자본주의사회에서 사람의 가치란 상품의 교환가치에 불과하다. 그 결과 사람들 사이의 모든 관계가 무인격적 성격, 상품적 성격, 물적 성격을 갖게 된다. 이런 사회에서 자본과 노동의 계약관계에는 그 어떤 인간적 관계와 도덕도 존재하지 않고 오직 금전 관계만이 남는다. 자본주의사회에서는 돈이 할 수 없는 것, 돈이 간섭하지 않는 것이란 존재하지 않는다.

자본주의사회에서는 자본가가 노동자에게 쥐꼬리만큼의 임금만 지급하고 부를 독차지하는 것, 사람 자체를 돈으로 사고파는 것이 부도덕한 것으로 간주되지 않는다. 주류 도덕의 지위를 차지하는 것이 자본가계급의 도덕이기 때문이다.

지금까지 언급한 도덕에 관한 논의는 진화심리학의 대척점에 있기에, 도덕에 관한 진화심리학의 견해를 잠깐 언급하고자 한다. 진화심리학 이론은 생물학적인 진화론에 입각해 도덕이 진화 과정 중 자연적으로 발생했다고 주장한다. 진화심리학자들은 도덕이 동물의 세계만이 아니라 인간의 사회역사에도 작용하는 진화 과정의 산물이라거나 인간의 환경 적응 수단에 불과하다고 떠들면서 도덕의 사회적 성격을 거부한다. 그러나 인간 이외의 그 어떤 동물에게도 도덕은커녕 도덕의 맹아조차 찾아볼 수 없다는 것은 도덕이 진화의 산물이 아니라 인간에게만 고유한 사회역사적 산물이라는 것을 명확히 보여준다. 인류학자들은 진화심리학자들이 사람과 질적으로 차이가 없다고 간주하는 원숭이 무리와 최초의 사회라고 할 수 있는 원시공동체 사회가 질적으로 완전히 다르다고 강조한다.

영장류를 비롯한 상당수의 동물 사회는, 소규모 집단으로 이루어져 있고, 불평등하게 나눌 재화라는 것도 먹이나 짝짓기 대상 말고는 거의 없음에도 매우 엄격한 서열체계가 형성되어 있다. 이런 동물 세계에서 약자는 아무리 굶주려도 강자가 배를 다 채울 때까지 기다려야 한다. 하지만 어떤 문헌에도 인류의 수렵·채취사회가 조금이라도 이와 비슷하게 작동했다는 기록은 없다. 리처드 윌킨슨,《평등해야 건강하다》, 후마니타스, 2008.

동물과 인간의 질적 차이, 동물의 무리와 사회라는 집단의 질적 차이를 전혀 이해하지 못하는 진화심리학은 인간의 문제를 논할 자격이 없다. 도덕은 생물유기체의 조건반사나 환경 적응 수단 따위가 아니라 사회를 이루고 공동생활을 하면서 살아가는 사람들의 공동 행동규범이다. 일부 심리학자들은 유아 시기부터 타인을 도우려고 하는 등 도덕의 싹이나 도덕적 성향이 발견된다는 연구들을 근거로 도덕의 선천성을 주장하기도 한다. 그러나 도덕은 생물학적인 진화의 산물이 아니라 사회역사적 산물이다. 즉 도덕은 선천적으로 타고나는 것이 아니다. 유아가 도덕의 구성요소 중의 하나인 도덕적 감정능력을 가지고 있는 것은 사실이지만 그것은 온전한 의미에서의 도덕이 아니다. 도덕은 사람이 사회 속에서 태어나고 성장하는 과정에서 형성 발전하며 청소년기 정도가 되어야 온전한 모습을 갖추게 된다.

인간은 정의를 원한다

애덤 스미스는 "자비심이 없어도 사회가 존속할 수 있지만, 정의가 없으면 사회가 붕괴한다"고 말했다. 정의는 과연 무엇일까? 정의는 평등과 밀접한 관련이 있는 도덕적 범주이다. 정의는 기본적으로 이익의 분배 관계, 즉 평등과 관련이 있다. 루소는 "경제적 불평등이 개인들로 하여금 사적 이익을 우선시하게 함으로써 사회정의를 훼손하니 정의사회 수립을 위해서는 사회적 평등이 필수적"이라고 말하면서 정의와 평등이 동전의 양면 같은 관계에 있다고 강조했다.

정의가 평등과 밀접한 관련이 있다는 것은 정의라는 도덕적 개념의 발생 과정을 살펴보면 명확히 알 수 있다. 정의 개념은 발전된 원시공동체 사회, 원시공동체 사회 후기에 발생했다. 처음에 정의는 주로 평등 혹은 침해에 대한 정당한 보복으로 간주되었다. 이 중에서 더 중요했던 것은 경제적 측면에서의 평등이었다. 즉 원시공동체 사회에서 물질의 균등한 분배는 정의, 부당한 분배는 부정의였다. 고대 그리스 사회에서는 저울을 정의의 여신으로 간주했다. 대법원 건물 앞에 서 있는 정의의 여신 디케상은 두 눈을 가린 채 저울과 칼을 들고 있다. 눈을 가린 것은 특정한 편을 들지 않는 공정한 판결을, 저울은 부의 공평한 분배를, 칼은 부정의에 대한 단호한 징벌을 상징한다. 정의의 여신이 들고 있는 저울은 처음에는 정의가 주로 경제적 분배와 관련되어 이해되었다는 것을 잘 보여준다. 원시공동체 사회는 정치적으로 평등한 사회여서 이때까지만 해도 정의는 물질적 분배와 동일시되었다. 하지만 인간이 인간을 지배하고 착취하는 계급사회부터는 경제적 측면만이 아니라 정치적 측면이 한층 중요해져 정의는 사회정치적 의미까지 포괄하게 되었다.

정의는 옳고 공정하다는 것을 뜻하며, 정의의 기본 의미는 사람들의 요구와 이해관계의 공정한 조절이다. 이에 대한 불공정한 처리는 부정의이다. 예를 들면 부자들의 이익은 중시하고, 나머지 사람들의 이익을 경시하는 것은 부정의이다. 또한 정의는 사회생활에서 사람들이 차지하는 지위와 역할의 공정한 관계, 권리와 의무의 공정한 관계, 역할이나 노력과 보수의 공정한 관계, 인간의 가치나 행동에 대한 공정한 평가 등과도 관련이 있다. 따라서 지위와 역할의 불일치를 비롯해 권리와 의무, 노력과 보수, 행동과 평가의 불일치는 부정의한 것이다. 사회를 발전시키는 데서 결정적 역할을 하는 다수의 민중이 아니라 소수의 부자들이 사회의 주인이 되는 것, 지배층이 다수의 민중에게 생존의 자유와 권리는 보장하지 않고 의무만을 강요하는 것, 부자들은 돈방석 위에 앉아 있지만 노동자들은 생존조차 버거운 것, 무전유죄 유전무죄처럼 동일한 죄에 동일한 벌을 적용하지 않는 것, 부자들이 민중의 존엄을 무시하는 것 등이 다 부정의이다.

인간은 정의를 간절히 원한다. 그 무엇보다 정의로운 세상은 사람을 만족하고 행복하게 해주지만, 부정의한 세상은 사람을 분노하게 하고 고통스럽게 만든다. 최후통첩 게임은 풍요-불화 사회에서 살아가는 사람들조차 돈보다 정의를 더 중시한다고 말해준다. 이 게임에서 제안자는 돈을 두 사람에게 어떤 식으로 분배할지를 응답자에게 제안한다. 예를 들면 전체 금액 100만 원을 자신은 60만 원, 상대방에게는 40만 원으로 분배하자고 제안하는 것이다. 응답자가 제안에 응하면 제안자는 60만 원, 응답자는 40만 원을 받는다. 그러나 응답자가 거절하면 둘 다 돈을 받지 못한다. 세계 여러 나라에서 실시한 게임 결과에 의하면 제안자의 평균적인 제안 액수는 45퍼센트 정도였다. 즉 100만 원을 기준으로 할 때 자신에게 55만 원, 상대방에게 45만 원을 제안했던 것이다. 물론 반반씩 나누자고 제안하는 사람들도 꽤 많았다. 그런데 제안자가 30퍼센트 이하의 금액을 제안하면, 응답자들 중에서 절반 정도는 그 제안을 거부했다. 나아가 제안 금액이 20퍼센트 이하로 내려가면 대부분의 응답자들이 제안을 거부했다. 최후통첩 게임은 사회관계나 사회생활에서 도덕이 얼마나 중요한 역할을 하는지 잘 보여준다. 사실 이 게임으로 받는 돈은 공돈이므로 무조건 돈을 받는 것이 응답자들에게는 이익이다. 하지만 응답자는 제안자의 행동에 반드시 도덕적 평가를 내렸고, 그 결과 부정의하거나 불공정한 제안이라고 판단할 경우 제안을 거절한 것이다. 동시에 정의롭고 공정한 분배를 제안한 제안자는 자신의 행동을 도덕적으로 평가했을 뿐만 아니라 응답자의 도덕적 반응을 고려할 수 있었기에 그런 제안을 했던 것이다.

세 가지 평등

|

정의와 밀접한 관련이 있는 평등은 세 가지로 구분할 수 있다. 기회의 평등, 절차와 과정의 평등, 결과의 평등이다. 이 세 평등이 모두 실현된 사회가 정의사회이다.

1. 기회의 평등

기회의 평등이란 경쟁에 참여하는 모두에게 평등하게 기회가 보장되는 것을 의미한다. 예를 들면 달리기경주에 누구라도 참가할 수 있는 것이 바로 기회의 평등이다. 만일 서울대가 강남지역에 사는 학생이나 부유층 자식들에게만 입학을 허용한다면, 그것은 기회의 평등을 위반하는 것이다. 자본주의사회는 기회의 평등을 가장 중시한다. 누구나 대학시험에 응시할 수 있고, 기업에 입사 원서를 낼 수 있다. 그렇지만 기회의 평등은 조건의 평등이 전제될 때 비로소 의미를 가질 수 있다. 달리기경주에는 누구라도 참가할 수 있다. 하지만 가정환경과 교육환경에 따라 경주의 결과는 뻔하다. 또한 선천적으로 달리기경주에 소질이 있는 사람 혹은 유리한 신체조건인 사람이 승리할 수밖에 없다. 기회의 평등만으로는 정의가 실현될 수 없기 때문에 철학자 롤스는 "능력 발휘 경쟁에서 승자는 자연적 재능이 뛰어난 자가 될 수밖에 없으므로, 이는 결코 공정한 게임이 아니다"라고 말하기도 했다.

2. 절차의 평등

절차 혹은 과정의 평등이란 경쟁 게임에서 모두에게 평등하고 공정하게 규칙이 적용되는 것을 의미한다. 사회제도나 게임의 규칙 등은 공정한 경쟁이 가능하도록 만들어져야 한다. 달리기 경주에 참가할 기회는 누구에게나 주어지기는 하지만, 부자들은 신발을 신어도 되고 나머지 사람들은 맨발로 달려야만 한다는 불공정한 규칙이 적용된다면 절차의 평등이 보장되지 않는 것이다. 자본주의사회는 기회의 평등을 어느 정도 보장해주지만, 절차의 평등은 거의 보장해주지 않는다. 이 사회를 지배하는 부자들이 게임의 규칙을 부자들에게 유리하게 만들기 위해 사회제도, 정부 정책, 각종 규칙 등을 자기 입맛대로 주물러대기 때문이다.

3. 결과의 평등

결과의 평등이란 경쟁의 결과를 공정하게 분배하는 것을 의미한다. 달리기경주의 우승자만 상금 1천만 원을 받고 나머지는 한 푼도 못 받을 때, 정부가 우승자에게서 800만 원 세금을 징수하여 나머지 사람들에게 분배하는 것이다. 기회의 평등이나 절차의 평등이 완벽하게 보장되더라도 경쟁의 결과에 따라 사회적 부를 차등적으로 분배하는 과정이 계속되다 보면 불평등이 커지게 된다. 이럴 경우 국가가 부자들이 독차지한 파이를 세금 등으로 환수하여 가난한 사람들에게 골고루 나누는 것이 결과의 평등이다. 결과의 평등은 마르크스가 말했던 공산주의사회가 가장 중시하는 평등이었다. 하지만 오늘날 풍요-불화사회에서도 부의 불평등이 너무 심각해짐에 따라 결과의 평등을 위해서 국가가 무엇인가를 해야만 한다는 목소리가 커지고 있다.

한국 사회는 세 가지 평등이 모두 보장되지 않는다고 할 수 있다. 물론 명목상 기회의 평등은 보장되지만, 조건의 불평등이 너무 심해 그것조차 제대로 보장된다고 말하기 어렵다. 이렇게 평등이 보장되지 않으면 사람들은 한국 사회를 부정의한 사회로 인식하고 고통받는다.

한국인이 유독 정의에 민감한 이유

집단주의 심리나 문화는 평등, 정의와 비례하는 경향이 있다. 집단주의란 개인보다는 집단, 개인의 이익보다는 집단의 이익을 더 중시하는 것이다. 집단주의자는 집단이나 공동체에 소속되어 구성원들과 더불어 살아가는 것을 선호한다. 집단주의는 개인의 이익이 집단의 이익과 일치하는 집단에서만 보편화될 수 있다. 개인의 이익이 집단의 이익과 일치한다는 것은 곧 집단 구성원들이 서로 평등한 관계임을 의미한다. 전체 부가 집단들에게 평등하고 공정하게 분배되어야 구성원들은 개인의 이익과 집단의 이익이 일치한다고 인식할 수 있다.

집단주의의 전제가 정의와 평등이라는 것은 집단주의 심리가 강한 사회일수록 정의에 대한 열망이 강렬하다는 것을 의미한다. 가정을 중시하는 자식들이 부모에게 평등한 대우를 더 바라는 것과 같다. 불평등과 부정의는 집단을 파괴함으로써 집단의 한 구성원으로서 구성원들과 더불어 살아가려는 집단주의적 열망을 좌절시킨다. 집단주의 심리가 강한 사회일수록 불평등과 부정의로 인한 고통이 크고 심각하며, 평등과 정의에 대한 요구가 더 높은 것은 이 때문이다.

동양인은 집단주의적인 반면 서양인은 개인주의적이라는 사실은 잘 알려져 있다. 동양인은 개인보다는 집단을 더 중시하며 관계중심적 혹은 관계지향적이지만, 서양인은 집단보다는 개인을 더 중시하며 개인중심적 혹은 자기중심적이다. 한 실험을 예로들면 실험 참가자들에게 일정한 액수의 상금을 제안하고 받을지 말지 결정하게 했다. 참가자들은 다른 사람의 상금 액수도 알 수 있다. 이 실험에 참가한 미국인들은 타인의 상금에는 거의 신경 쓰지 않고 자신에게 제안된 액수에 따라 결정했다. 반면 한국인들은 타인이 받는 상금과 자신의 상금 액수를 비교해서 결정했다. 이런 차이는 뇌 촬영에서 복내측 전전두피질이 미국인들은 절대적인 상금의 크기에 높은 반응을 보인 반면 한국인들은 상대적인 상금의 크기에 높은 반응을 보인 것으로 확인되었다. 한국인들 중에서 한 명이 미국인처럼 반응했는데, 그는 성인기 중 상당 기간을 미국에서 생활한 사람이었다. 이 연구는 개인주의적인 미국인들은 타인이 얼마를 받는지 별로 신경을 쓰지 않지만, 집단주의적인 한국인들은 그렇지 않다는 것을 보여준다. 이 결과는 곧 한국인들이 미국인에 비해 평등이나 정의에 더 민감하다는 말과 통한다.

동양인이 서양인보다 더 집단주의적이라면, 한국인은 동양인 중에서도 가장 집단주의적이다. 한국의 사회학자들은 한국인이 유별날 정도로 평등주의적이라거나 한국 사회가 평등주의 열망이 강렬한 사회라고 말한다. 한국인들은 한반도에서 공동체적 삶을 오랜 시간 살아왔다. 통일신라 시기 이후부터 1945년에 남과 북이 분단되기 전까지는 통일국가가 지속되었고, 동족끼리 적대시하거나 전쟁을 한 적이 거의 없다. 품앗이와 같은 미풍양속이 말해주듯, 한국인들은 긴 세월 동안 서로 위해주고 도와주고 협력하는 공동체 문화 속에서 살아왔다. 한국인들의 유별난 집단주의 성향은 이런 역사적 배경 속에서 형성되어 발전한 것이다.

세계에서 가장 집단주의적인 한국인들의 평등과 정의에 대한 열망은 대단히 강하다. 물론 한국도 풍요-불화사회가 되면서 공동체가 거의 붕괴되었기 때문에 개인주의 심리가 전면화되고 널리 퍼져 있다. 하지만 장구한 기간에 걸쳐 만들어진 집단주의 심리가 하루아침에 사라질 수는 없다. 한국인들의 마음속에서는 비교적 최근에 형성된 개인주의 심리와 잠재된 집단주의 심리가 갈등하고 충돌한다고 말할 수 있다.

이것은 2005년 19개국을 대상으로 실시한 세계가치관조사에서도 확인할 수 있다. '인센티브로서 소득불평등이 더 커질 필요가 있다'는 항목에 대한 한국인들의 점수는 10점 만점에 6.5점으로 6.8점인 폴란드에 이어 2위이다. 19개 나라 평균은 5.5점으로 스위스는 3.6점이다. 이 조사는 한국인들이 차별이나 불평등을 당연시하는 정도가 심하다는 것을 의미한다. 하지만 그와 동시에 '정부가 부자에게 세금을 물리고 빈자에게 보조금을 주는 것이 민주주의의 기본 특징이다'라는 항목에 대한 한국인들의 점수는 7.5점으로서 19개국 중 단연 1위였다. 이 항목의 평균 점수는 6.4점으로 미국이나 유럽보다 집단주의적 성향이 강한 북유럽의 핀란드와 노르웨이가 각각 7점과 6.6점이었다. 이 결과는 한국인들의 평등과 정의에 대한 열망이 세계 최고 수준으로 강하다는 것을 의미한다.

21세기에 들어와 불평등이 심해진 결과 한국인들은 한국 사회를 불평등하고 부정의한 사회로 인식하게 되었고, 그런 인식이 날이 갈수록 강해지고 있다. 2010년에 정부가 실시한 여론조사에서 응답자들 중 72.6퍼센트는 '우리 사회가 공정하지 않다'고 대답했다. 2012년에 한국보건사회연구원과 한겨레사회정책연구소가 실시한 여론조사에서는 응답자들 중 78.8퍼센트가 한국 사회를 '부모의 지위에 의해 계층 상승 기회가 결정되는 폐쇄적 사회'라고 대답했고, 75.5퍼센트는 '노력한 만큼 보상과 인정을 받을 수 없는 불공정한 사회'라고 대답했다. 이런 비율은 더욱 상승하여 2014년에 실시한 여론조사에서는 무려 86퍼센트가 소득격차가 너무 크다고 대답했고, 80퍼센트는 불평등으로 인한 사회갈등이 심각하다고 대답했다. 2017년에 〈내일신문〉등이 실시한 신년 여론조사에서는 응답자 85.5퍼센트가 부가 불공정하게 분배되고 있다고 대답했다. 평등과 정의에 대단히 민감한 한국인들에게 한국 사회가 불평등하고 부정의한 사회라는 인식은 그 자체만으로도 커다란 고통을 주기 마련이다. 부정의한 사회는 한국인들로서는 도저히 묵과할 수 없고 견딜 수 없는 끔찍한 현실이다. 한국인들의 뜨겁고 강력한 평등과 정의에 대한 열망은 언젠가는 제어할 수 없을 정도로 강력하게 표출될 것이다.

7장

어떻게 하면
풍요-화목사회로
갈 수 있는가?

지금까지 한국 사회는 절벽 아래에 구급차를 대기시키거나 절벽 중간에 안전망을 설치하거나 절벽 끝에 차단막을 설치하는 데에만 주력해왔다. 그러나 우리가 해야 할 일은 사람들이 절벽으로 몰려가지 않는 사회를 만드는 것이다.

21세기를 살아가는 사람들은 오늘날의 세계가 부정의하다는 주장에 모두 동의할 것이다. 2011년에 〈이코노미스트〉는 "불평등이 심화되고 있다"는 기사를 통해 상위 1퍼센트의 부자가 전세계 부의 43퍼센트를 차지하고, 상위 10퍼센트 부자가 83퍼센트를 차지하는 반면 소득 하위 50퍼센트는 단 2퍼센트의 부만 소유하고 있다고 밝혔다. 이런 빈부격차는 이후 더욱 가파르게 증가했다. 국제구호기구 옥스팜이 발표한 보고서에 의하면 2019년 상위 1퍼센트 부자의 재산은 나머지 99퍼센트 재산의 2배가 넘으며, 세계 최상위 부자 2천여 명이 가진 재산이 세계 인구의 60퍼센트인 46억 명의 재산보다 많다. 왜 1퍼센트에 불과한 극소수 부자가 99퍼센트의 사람들보다 2배 이상이나 많은 부를 독점하는가? 그들의 부를 나머지 99퍼센트에게 골고루 나눠 주는 것이 옳지 않은가? 오늘날의 불평등한 현실을 알게 되면 누구라도 이런 의문을 품지 않을 수 없다.

오늘날의 인류는 식량생산 능력이 뒷받침해주지 않아서, 즉 먹을 것이 부족해서 굶어 죽는 시대에 살고 있지 않다. 선진국에서는 식량이 남아돌아 버리기도 하고 자동차 연료로 사용하기도 한다. 하지만 가난한 나라들에서는 식량이 부족해 사람들이 굶어 죽는 참상이 벌어지고 있다.

경제학자 아마르티아 센은 기아가 반드시 공급 부족에서 발생하는 것이 아니라, 식량이 그것을 필요로 하는 사람들의 손에 도달하지 않기 때문에 일어난다는 점을 강조했다. 1943년의 벵갈 기근과 한 세기 전에 있었던 아일랜드의 감자 기근 때도 마찬가지였다. 영국의 지주들에 의해 통제되던 아일랜드는 수많은 국민들이 굶주려 죽는 상황에서도 식량을 수출했다. 조지프 스티글리츠,《거대한 불평등》, 열린책들, 2017.

전체 인류를 충분히 먹일 수 있을 정도로 식량을 생산하고 있는데도, 상당수의 미국인들이 정부의 식량 배급으로 목숨을 연명하고 있다. 이런 세상을 과연 정의롭다고 할 수 있을까?

사람들은 불평등 수준이 이미 임계점을 넘은 지 오래이며, 자본주의 세계가 부정의하다는 사실을 생활 체험이나 여러 자료를 통해서 잘 알고 있다. 단지 부정의한 세계를 뒤바꿀 수 없어서 체념하고 있을 뿐이다. 하지만 21세기 초엽부터 발생한 갖가지 사건과 사고는 부정의한 세계의 변혁이 더 이상 미룰 수 없는 절박한 시대적 과제임을 보여준다. 자본주의 제도가 부정의할 뿐만 아니라 지속불가능한 사회제도라는 것이 확실해지고 있고, 정의로운 세계로 변혁하지 않으면 인류의 멸망은 분명하다.

부정의는 숙명인가

|

상위 1퍼센트가 하위 99퍼센트보다 더 많은 부를 거머쥘 수 있는 것은 왜일까? 극단적인 빈부격차는 전지전능한 신의 뜻도 아니고 자연의 이치에 따른 것도 아니다. 부자가 파이를 독차지하도록 제도나 규칙 등이 만들어져서다.

봉건제 시대에 땅이 없는 소작인들이나 농노들은 어쩔 수 없이 지주의 땅에서 농사를 지을 수밖에 없었다. 그 대가로 수확한 쌀 중에서 상당량을 지주에게 지대로 바쳤다. 그렇다면 전체 수확량 중에서 지주와 소작인에게 분배되는 비율은 어떻게 결정되었을까? 장하성은 "가격과 분배는 '시장'이 결정하는 것이 아니라 시장을 '지배하는 자'가 결정하는 것이다. 임금은 '시장'이 결정한 것이 아니라 '시장을 지배하는 기업'이 정한 것이다"라고 말했다. 사회의 부를 어떤 비율로 분배할지 결정하는 것은 '힘'이다. 지주와 소작인 간의 힘 관계에 따라 분배 비율은 7대 3이 될 수도 있고, 5대 5가 될 수도 있다. 지주의 힘이 세면 전자가 될 것이고, 소작인의 힘이 세면 후자가 될 것이다.

자본주의사회도 생산수단을 소유한 자본가는 힘이 세지만 노동자는 약하다. 따라서 자본가가 전체 이익 중 99퍼센트를 독차지하고 노동자에게는 1퍼센트만 주겠다고 하면 노동자는 따를 수밖에 없다. 원칙적으로 따지면, 노동자의 임금은 상한선(임금을 올려주면 기업이 파산하는 지점)과 하한선(임금을 낮춰 노동자가 노동력을 유지하지 못해 기업이 파산하는 지점) 사이에서 자유롭게 결정할 수 있다. 하지만 자본가의 힘으로 인해 대체로 임금은 하한선 근처에서 결정된다.

권력이나 생산수단을 소유한 힘 있는 자가 부의 분배 규칙을 정하는 약육강식의 사회에서는 빈부격차가 확대된다. 노동자들의 힘이 매우 약했던 초기 자본주의가 얼마나 잔인했는지는 18세기 산업혁명 직후 프랑스 노동자의 평균 노동시간이 하루 15시간 정도였고 평균 수명이 20세에 불과했다는 사실로 짐작할 수 있다. 약한 자들이 감내할 수 없을 정도로 빈부격차가 확대되면 치열한 계급투쟁이 시작된다. 지대를 인하하라는 농민봉기가 발발하거나 임금을 인상하라는 노동자들의 파업 투쟁이 벌어지는 것이다.

초기 자본주의사회에서 자본가에 비해 턱없이 힘이 약했던 노동자들은 노동조합을 만들거나 사회주의 정당을 만드는 등 힘을 키우면서 자본가계급에 맞서 싸우기 시작했다. 마르크스와 엥겔스는 노동계급을 대변하는 사회주의사상을 창시함으로써 노동자들에게 강력한 투쟁의 무기를 제공했다. "인류 역사에서 평등의 분위기가 가장 높았던 시기는 1917년 러시아혁명 이후인 1920~1930년대다"라는 말이 보여주듯, 러시아의 사회주의혁명 성공과 더불어 사회주의운동의 전성기가 시작되었다. 노동운동과 사회주의운동이 자본주의 세계를 휩쓸자 자본가들은 공포와 불안에 압도되어 양보하기 시작한다. 예를 들면 노동권을 인정하고 사회보장 제도를 만드는 등 노동자들의 분노를 달래는 쪽으로 제도나 규칙을 변경한 것이다.

한편 자본주의는 초기의 자유경쟁 자본주의로부터 국가독점 자본주의로 이행했다. 마을에 가게가 하나만 있다면 장사가 잘 되기 마련이다. 모든 마을 사람들이 그 가게에서 물건을 구입하기 때문이다. 그러나 곧 여러 가게가 우후죽순처럼 생겨나 서로 경쟁하기 시작한다. 경쟁이 치열해지면 가게들은 손님을 끌기 위해 물건을 싸게 팔 수밖에 없다. 가게들이 경쟁적으로 물건값을 인하하다 보면 이윤이 줄어든다. 이런 식으로 굴러가는 자본주의를 자유경쟁자본주의라고 한다. 즉 수많은 자본가, 기업이 존재하며 자유롭게 경쟁하는 자본주의가 자유경쟁자본주의다.

그러나 자유경쟁자본주의는 오래가지 못한다. 물건값 인하 경쟁이 계속되는 과정에서 손해를 감당하지 못하는 작은 가게들이 하나둘씩 망하기 시작한다. 그러면 장사가 잘되는 가게만 살아남아 돈을 쓸어 담고(자본의 집적), 나머지 가게들까지 흡수(자본의 집중)해 몸집을 불린다. 초대형슈퍼가 되는 것이다. 살아남은 단 두 개의 초대형슈퍼는 담합해 물건값을 대폭 끌어올린다. 이를 독점가격이라 하고, 그것에서 나오는 이윤을 독점이윤이라고 한다. 그러나 두 초대형슈퍼는 독점이윤에만 만족하지 않고 마을의 권력기관이나 언론기관 등까지 손아귀에 넣는다. 즉 독점자본이 권력, 나아가 전체 사회를 장악한다. 독점자본이 국가권력을 장악한 자본주의를 국가독점자본주의라고 한다. 독점자본은 더 많은 이윤을 얻기 위해 국가권력을 적극 이용한다. 두 초대형슈퍼는 다른 슈퍼를 창업하지 못하게 방해하고, 마을 정부가 마을 사람들한테 걷은 세금을 이런저런 명목으로 독차지하며, 마을 사람들이 물건값 인하를 요구하지 못하도록 제도와 규칙 등을 유리하게 변경한다. 그 결과 초대형슈퍼는 더욱 부유해지고, 마을 사람들은 더욱 가난해진다. 가난해진 마을 사람들은 두 초대형슈퍼에서 물건을 사지 못한다. 물건을 만들어도 팔리지 않으면 자본주의는 심각한 위기를 겪는데, 그것이 바로 주기적 경제위기와 공황이다.

사람들의 구매력이 저하되어 자본주의가 위기에 빠지자 독점자본은 식민지를 개척한다. 국가독점자본주의를 '제국주의'라고 부르기도 하는 것은 이 때문이다. 19~20세기에 자본주의 나라들은 앞다투어 식민지 쟁탈전에 나섰다. 이 과정에서 식민지를 두고 국가독점자본주의 나라들은 두 차례나 세계대전을 치른다. 그런데 이 양차 세계대전은 식민지 나라들을 대거 독립하게 만들었을 뿐 아니라 사회주의진영을 크게 확대시켰다. 양차 세계대전 이전까지 사회주의국가는 구소련이 유일했지만, 제2차세계대전이 끝나자 동부 유럽 나라들과 동아시아 등지에서 사회주의국가들이 등장하기 시작했다. 사회주의진영이 확대됨에 따라 국가독점자본주의 나라들과 새로 독립한 나라들에서는 좌파적이고 진보적인 사회운동이 크게 고조되었다. 제3세계에서는 비동맹운동이, 유럽에서는 68혁명이, 미국에서는 반전운동이 고조되었다.

전 세계 사회주의화를 우려한 독점자본가들은 자본주의의 틀을 유지하면서 사회주의적 내용을 대폭 받아들이기 시작한다. 이런 자본주의를 수정자본주의라고 하는데, 1940년대~1970년대의 영국이나 북유럽 나라들이 대표적이다. 수정자본주의 나라들은 평등 수준을 높이기 위해 사회복지 지출을 크게 늘리고 부자에 대한 부유세 세율도 대폭 높였다. 예를 들면 뉴딜정책을 실시했던 루스벨트 정부는 최고소득에 세율 80퍼센트 이상의 세금을 부과했고, 이후에도 미국에서는 한동안 이 정도의 높은 세율이 부과되었다. 1932년부터 1980년 동안 미국 정부의 최고소득세율은 평균 81퍼센트였다. 영국의 경우는 소득에 대한 최고 세율이 1940년대에는 무려 98퍼센트였고, 1970년대에도 이에 버금가는 높은 세율이 적용되었다. 어쨌든 1940년대부터 자본주의 나라의 독점자본가들은 부자에게 세금을 걷어 나머지 사람들에게 나눠 주는 급진적인 정치로 평등 수준을 끌어올렸다. 그 결과 자본주의 나라들은 황금기를 구가하게 된다. 제2차세계대전 이후부터 1970년대 말까지의 약 30여 년을 자본주의의 황금기라고 하는데, 경제학자 피케티는 이 시기를 "영광스러운 시대"라고 부른다. 경제학자 이정전의 말에 따르면 "300여 년의 자본주의 역사에서 이와 같이 최고의 경제성장과 최저의 소득불평등 그리고 기회의 평등이 함께 공존한 것은 이때가 유일하다."

안타깝지만 자본주의의 황금기는 그리 오래가지 않았다. 구소련과 동구 사회주의진영이 흔들리다가 붕괴하는 1980년대가 되자 독점자본가들의 탐욕은 제동장치를 상실하여 다시 폭주한다. 경제학자 스티글리츠는 다음과 같이 말했다. "미국이 냉전에서 승리를 거두자, 우리의 경제모델과 겨룰 만한 상대는 존재하지 않는다는 인식이 형성되었다. 국제무대에서 경쟁상대가 사라지자, 우리 시스템이 대다수 국민들의 후생에 기여할 수 있음을 과시할 필요성 역시 사라졌다."

독점자본가들은 사회주의적인 요소들을 제거하고 평등 수준을 끌어올리기 위해 만들어졌던 여러 규제들을 없애버리기 시작했는데, 이것을 신자유주의라고 한다.

1980년대 이후 독점자본가들과 민중의 힘 관계는 결정적으로 변화했다. 우선 독점자본가들에게 가장 강력한 외부 위협 세력이자 경쟁 세력인 사회주의진영이 붕괴하고, 세계 유일의 초강대국이 된 미국이 전 세계를 지배하게 되었다. 이것이 바로 1990년대부터 한국 사회를 강타했던 세계화의 배경이다. 사회주의진영이 붕괴하자 자본주의 나라들에서는 평등에 대한 평가나 관심이 급속히 퇴조했다. 심지어 평등을 언급하는 것조차 꺼려하는 비정상적인 분위기가 형성되었다.

다음으로 사회주의진영의 붕괴와 미국의 세계 지배로 낙담하고 공포에 질린 자본주의 나라의 진보 세력들이 이상과 투지를 상실하고 독점자본가들에게 투항하거나 변절하기 시작했다. 독점자본가들을 견제할 국내적 위협 세력까지 사라진 것이다. 거추장스러운 것들이 다 사라지자 1퍼센트의 독점자본은 99퍼센트에게서 파이를 마구 빼앗기 시작했고, 그 결과가 바로 지금과 같은 불평등하고 부정의한 세계이다.

그러나 이런 고삐 풀린 자본주의는 지속가능하지 않다. 극단적인 빈부격차는 2008년에 전대미문의 금융위기를 불러왔고, 그 이후 자본주의 세계는 침체의 늪에서 벗어나지 못하고 있다. 상당수의 학자들은 자본주의의 무제한적인 탐욕과 폭주를 견제했던 것이 사회주의라고 주장한다. 역설적으로 말해 자본주의가 멸망하지 않고 발전하도록 강제한 것이 사회주의라는 것이다. 세계사를 고찰해보면 이런 주장이 타당하다고 인정하지 않을 수 없다. 자본주의는 사회주의운동이 성장하고 사회주의진영이 튼튼할 때 그나마 가장 온순했고 황금기를 구가했던 반면, 사회주의운동이 쇠퇴하고 사회주의진영이 붕괴하자 괴물이 되어 멸망으로 치닫고 있기 때문이다.

자본주의의 역사는 부의 분배가 하늘의 뜻이 아니라 힘 관계를 비롯한 여러 요인에 의해서 결정된다는 것을 보여준다. 즉 오늘날의 극단적인 불평등은 부자들이 만들어낸 인재일 뿐이라는 것이다.

평등의 리셋 버튼

|

《성경》에는 '희년제'라는 말이 나오는데, 이것은 매 50년마다 모두의 재산을 회수해서 똑같이 나누어 모두를 똑같은 출발선에 서게 하는 제도이다. 《성경》이 이런 제도를 언급한 이유는 불평등이 심해지면 불화가 심해지고, 궁극적으로 공동체가 붕괴한다는 것을 알고 있어서였다. 이런 점에서 희년제란 평등한 초기 상태로 돌아가게 하는 일종의 리셋 버튼이라고 할 수 있다. 결함투성이인 자본주의가 지금까지 멸망하지 않고 존속한 이유는 절체절명의 순간에 리셋 버튼을 눌렀기 때문이다. 1940년대에 자본주의 세계는 평등 수준을 급진적으로 끌어올리는 리셋 버튼을 눌렀고, 그 덕에 자본주의 황금기를 누릴 수 있었다.

한국 역시 리셋 버튼을 누름으로써 고도의 경제성장을 구가할 수 있었다. 한국의 고도성장은 해방 이후 급진적인 사회개혁을 통해 평등 수준을 큰 폭으로 끌어올렸던 것에서부터 시작되었다. 해방 직후의 한국 사회는 극소수만 지주였고 약 80퍼센트가 영세한 소농이나 소작농인 대단히 불평등한 사회였다. 당시 북에서 토지개혁을 실시한 데다 남쪽에서도 농민들이 강력히 요구하자 한국 정부는 토지개혁을 실시했다. 그 결과 1945년 말 총경지면적의 35퍼센트에 불과했던 자작농지의 비중이 96퍼센트로 급상승했다. 당시 남한 인구의 70퍼센트는 농민이었고 그중에 80퍼센트가 소작농민이었다. 이렇게 국민의 절대다수를 차지했던 소작농민은 토지개혁 덕분에 하루아침에 자작농민으로 신분이 뒤바뀌었다. 토지개혁은 한국 사회를 대단히 불평등한 사회에서 상당히 평등한 사회로 전변시켰다. 오늘날로 치면 해방 이후의 토지개혁은 토지국유화나 주요 기업 국유화에 비견될 정도의 급진적인 개혁이었음을 의미한다.

한국은 급진적인 토지개혁이라는 평등의 리셋 버튼을 눌렀고, 그 이후 경제성장 과정에서도 1980년대까지는 그나마 평등하게 부를 분배했다. 상당수의 경제학자들은 한국이 고도성장을 할 수 있었던 가장 중요한 요인으로 토지개혁과 상대적으로 평등했던 부의 분배를 꼽는다.

한국은 1990년대부터 불평등이 심해졌고 그에 따라 경제성장도 둔화되었다. 수많은 연구들은 불평등은 경제성장을 방해하지만, 평등은 경제성장을 촉진한다고 말해주고 있다. 세계 자본주의 황금기가 급진적인 사회개혁에서부터 시작되었고, 한국의 '한강의 기적' 역시 그러했다. 이는 자본주의가 이따금 리셋 버튼을 눌러줘야 존속할 수 있다는 것을 의미한다. 그런데 오늘날의 극단적인 불평등과 21세기형 불화로 인한 참상은 리셋 버튼을 누르기에는 너무 늦은 것이 아닐까 하는 의문을 품게 만든다. 즉 자본주의 제도를 유지하면서 단순히 평등 수준을 급진적으로 끌어올리는 것으로는 더 이상 인류의 생존과 행복을 담보할 수 없다는 의견이 설득력을 갖는 상황이 되었다는 것이다.

젖과 꿀이 흐르는 사회는 이미 도래했다

자본주의 제도를 더 나은 사회제도로 교체해야 한다는 말은 곧 이상사회를 건설해야 한다는 말과 통한다. 이상사회란 풍요-화목사회다. 기독교는 천국을 젖과 꿀이 흐르고, 사자와 어린 양이 사이좋게 뛰노는 세상으로 묘사한다. 마르크스주의는 이상사회를 생산력이 고도로 발전한 사회인 동시에 계급이 폐지되어 사람들이 화목하게 살아가는 사회라고 설명한다. 기독교이든 마르크스주의든 인류가 꿈꿔왔던 이상사회의 본질은 풍요롭고 화목한 사회이다.

인류는 풍요로운 사회를 건설하는 과제를 이미 달성했다. 마르크스에 의하면 공산주의사회는 능력에 따라 일하고 필요에 따라 분배할 수 있을 정도로 풍요로운 사회이다. 사람들이 능력에 따라 일하면서 필요에 따라 분배받으려면 다음과 같은 조건이 충족되어야 한다.

첫째로 생산력이 고도로 발전해야 한다. 그런데 현재 인류가 도달한 과학기술이나 생산력 수준은 이미 필요에 따른 분배를 뒷받침할 수 있는 수준을 넘어섰다고 말할 수 있다. 인류가 도달한 식량 생산능력만 보더라도 알 수 있다. 미국의 경우 과거에는 전체 노동력 중에서 70퍼센트가 투입되어야만 전체 국민의 생존량을 생산할 수 있었다. 하지만 오늘날에는 전체 노동력에서 3퍼센트만 투입되어도 미국인들이 소비하는 것보다 많은 양의 식량을 생산할 수 있다. 결국 마르크스가 주장했던 이상사회의 두 가지 객관적 조건, 고도의 사회적 분업과 생산력 발전이 이미 달성되었는데도 사회제도가 바뀌지 않는 것이 문제인 것이다.

나라들마다 차이는 있겠지만, 적어도 한국을 비롯한 경제적 부국들은 더 이상의 경제성장 없이도 국민의 의식주를 충분히 보장할 수 있을 정도로 생산력이 발전해 있다고 말할 수 있다. 4차 산업혁명을 이야기하는 오늘날에도 세계는 굶주림에서 자유롭지 못한데, 불평등이 적절한 식량 배분을 막고 있어서다. 모두가 먹고 마실 수 있는 젖과 꿀은 충분하지만 소수에게 독점되어 있다는 것이다. 과학기술과 생산력이 고도로 발전하더라도 사회적 부를 모두에게 평등하게 분배하는 사회제도가 수립되지 않으면 젖과 꿀은 한 곳에만 고여 있을 뿐 사방팔방으로 흐르지 않는다. 현재 한국 사회가 해결해야 하는 것은 경제성장이나 물질적 풍요의 추구가 아니라 정의가 실현되어 모두가 화목하게 살아갈 수 있는 사회제도로의 교체다.

마르크스는 생산력이 고도로 발전하지 않으면 사회주의사회로 이행할 수 없다고 주장했다. 하지만 사회가 자본주의 제도를 그대로 유지하면서 고도로 생산력만 발전시키면 풍요-불화사회가 되어 사람들이 엄청난 고통을 겪고, 사회 역시 커다란 대가를 치른다. 따라서 가난-화목사회들은 자본주의와는 다른 사회제도를 수립한 뒤 생산력 발전을 추구하는 것이 옳다. 마르크스주의의 표현을 빌려 말하자면 사회제도부터 개혁한 이후 생산력 발전을 추구해야 한다는 것이다.

필요에 따라 분배하려면 둘째로 탐욕이 사라져야 한다. 탐욕에 제동이 걸리지 않으면 필요에 따라 분배하는 사회는 가능하지 않을 것이다. 세계 상위 1퍼센트의 재산이 나머지 99퍼센트의 2배가 넘는 현실은 '탐욕의 끝은 도대체 어디인가? 도대체 끝이 있기는 한 건가?'라는 질문을 하게 만든다. 하지만 앞에서 자세히 살펴보았듯이, 탐욕은 인간의 본성이 아니라 자본주의 제도가 강요하는 병적인 욕망일 뿐이다. 경제성장에 어느 정도 성공한 자본주의사회인 풍요-불화사회는 인간의 탐욕 수준을 무한으로 끌어올린다. 불화사회에서 탐욕은 끝이 없는 불안과 위계 간 학대와 위계 내 학대, 그리고 그로 인한 정신건강 파괴 등으로 제동이 걸리지 않는다. 따라서 풍요-불화사회에서 상위 1 퍼센트는 나머지 99퍼센트의 2배가 아니라 100배의 재산을 갖게 되더라도 결코 멈추지 않을 것이다. 사람들의 탐욕에 제동을 걸 수 있는 것은 무제한적인 부의 창출이 아니라 사회제도 교체로 가능해지는 화목이다. 즉 사회제도부터 개혁해야 한다는 것이다.

한국이 나아가야 하는 길

지금까지 한국 사회는 여러 사회문제를 유발하는 진정한 근원에는 손을 대지 못하고 땜질식 처방에만 매달려왔다. 자살자가 급증하자 우울증 약을 권장하고 자살방지 캠페인을 펼쳤고, 출산율이 저하되자 출산을 독려하고 출산지원금을 늘렸으며, 정신건강이 악화되자 상담 치료를 권하고 관련 기관을 증설했고, 범죄율이 증가하자 CCTV를 설치하고 처벌을 강화하는 식으로 대응해왔다. 그러나 이제는 이런 땜질식 처방이 아니라 근본적인 원인을 제거하는 쪽으로 나아가야 한다.

사람들이 절벽에서 계속 추락하고 있다. 절벽 아래에 대기한 구급차가 추락한 사람들을 병원으로 실어 나르는 것이 해결책일까? 절벽 중간쯤에 안전망을 설치해 사람들이 덜 다치게 하는 것이 해결책일까? 아니면 절벽 끝에 차단벽을 설치해 사람들이 추락하지 않도록 하는 것이 해결책일까? 그러나 이 중에서 어떤 것도 진정한 해결책이 될 수 없다. 윌킨슨은 "만약 사람들이 절벽 끝으로 달려오지 않도록 막을 수만 있다면 부분적으로 효과를 발휘하는 예방 및 치료 전략은 더 이상 필요하지 않을 것"이라고 말한다.

지금까지 한국 사회는 절벽 아래에 구급차를 대기시키거나 절벽 중간에 안전망을 설치하거나 절벽 끝에 차단막을 설치하는 데에만 주력해왔다. 그러나 우리가 해야 할 일은 사람들이 절벽으로 몰려가지 않는 사회를 만드는 것이다. 진정한 원인 제거와 관련된 시급한 과제들을 달성할 수 있다면 한국 사회는 근본적인 사회변혁으로 나아갈 수 있는 사회적 합의와 동력도 확보할 수 있을 것이다. 한국 사회가 시급히 해결해야 할 과제, 힘을 집중해야 할 과제는 다음과 같다.

1. 불안 해소

한국 사회의 숱한 문제들은 심각한 불안에서 비롯한다. 따라서 불안 수준이 크게 낮아지거나 불안이 해소되어야만 여러 문제를 한 번에 해결할 수 있다. 불안 해소는 한국인들의 삶의 질을 높이기 위한 필수조건이다. 한국인들이 불안에 쫓기는 삶, 불안을 방어하려는 병리적인 삶에서 해방되어 인간다운 삶을 살아가려면 반드시 불안부터 해결해야 한다. 한국인들을 괴롭히는 가장 큰 두 가지 불안은 생존 불안과 존중 불안이다.

생존 불안을 해결하려면 개인의 생존을 국가와 공동체가 책임지는 사회로 전환해야 한다. 다시 말해 국가가 모든 국민의 생존을 책임지고 보장해주는 사회가 되어야 한다는 것이다. 국가가 개인의 생존을 보장해주는 것은 그 어떤 시혜정책이 아니라 국민이 마땅히 누려야 할 인권이자 권리이다. 21세기인 오늘날 국제사회는 교육권, 주거권, 건강권, 적절한 생활 수준을 누릴 권리와 같은 사회경제적 권리를 '경제적·사회적·문화적 권리에 관한 국제협약(ICESCR)' 등에 의해 인정되고 보호받는 인권으로 간주하고 있다. 민주주의 수준이 낮았던 과거에는 시민적, 정치적 권리를 인권과 동일시해왔지만, 오늘날에는 인권에 사회경제적 권리가 반드시 포함되어야 한다. 이것은 국가가 모든 국민의 생존을 보장하는 것이 21세기 인류가 마땅히 누려야 할 인권적 권리임을 의미한다.

청년실업과 노인빈곤 문제가 심각한 한국 사회에서 국가가 국민들의 생존을 책임지고 보장해주는 것은 특별히 중요한 문제이다. 2018년에 〈매일경제〉가 20대 청년 1천 명을 대상으로 실시한 설문조사에서 '현재 가장 필요한 것이 무엇이냐'는 질문에 응답자의 63.8퍼센트가 '생활비 등 경제적 지원'이라고 대답했다. 이 대답은 심각한 청년세대의 생존 불안을 보여준다.

생존 불안을 해결하려면 국가가 국민들의 생존을 책임지는 제도를 도입해야 한다. 무상교육, 무상의료, 저렴한 임대주택제도 혹은 토지국유화에 기초한 무상주택제도, 실업대책 등을 장단기적으로 추진해야 한다. 나아가 생존 불안을 확실하게 줄여주는 효과가 있는 기본소득제를 우선적으로 실시하는 것이 필요하다. 요즘 활발하게 논의되는 기본소득제는 단지 생존 불안을 줄이는 효과만이 아니라 범국민적인 사회개혁에 추진 동력을 제공할 수 있다. 생존 불안에 시달리는 사회는 사회개혁을 추진하기가 매우 힘들어진다. 밥그릇 사수에 목숨을 건 사람들은 공감 능력이 떨어진다. 남의 사정이야 어떻든 일단 나부터 살아야 한다는 압박감에 시달리기 때문이다. 몸이 너무 아프면 다른 사람들이 눈에 들어오지 않는 것처럼 생존 불안이 심하면 타인이나 공동체가 눈에 들어오지 않는다. 따라서 장기적으로 사회개혁이 모두에게 이익이 된다 하더라도 현재 자신의 밥그릇을 위협한다고 느끼면 개혁에 저항한다. 국민들의 생존 불안을 낮춰야 사회개혁에 범국민적인 협력이 가능해질 것이다.

존중 불안을 해결하려면 평등 수준을 획기적으로 높여야 한다. 달리 말하면 경제적 격차를 큰 폭으로 줄여야 한다. 하지만 생존 불안부터 어느 정도 해결이 되어야 한다. 생존 불안이 해결되지 않은 상태에서 격차를 줄이면 상당한 사회적 저항이 뒤따를 수 있지만, 생존 불안이 크게 줄어든 상태에서는 사회적 협력이 뒤따라올 것이다. 생존 불안만 해결되어도 돈에 대한 욕망이나 집착은 큰 폭으로 약화될 수 있다. 예를 들어 모든 국민이 국가로부터 월 200만 원씩 기본소득을 지급받으면 돈에 연연하는 심리는 크게 약화될 것이다. 그 결과 돈을 기준으로 사람을 평가하는 풍조도 약화되고, 다층적 위계도 깨지기 시작할 것이다. 앞에서도 언급했지만, 한국인들이 격차나 차별을 필요로 하고 그것에 찬성하는 이유는 존중받기를 원해서다. 즉 한국인들이 더 많은 돈, 더 높은 위계를 욕망하는 것은 그래야 존중받을 수 있다고 믿어서다. 따라서 돈으로 사람을 평가하고 위계를 구분하는 풍조가 약화되면, 사람들은 격차가 줄어도 괜찮다고 느낄 것이다. 이런 상황에서는 격차를 크게 줄여 평등하고 화목한 사회를 만들자는 주장이 사람들에게 호소력을 가질 수 있다.

2. 기본소득제

21세기형 불화가 유발하는 심각한 문제들을 고려할 때 사람들이 서로 연대하며 개인이기주의에서 벗어나 공동체주의를 회복하는 것이 가장 시급한 과제이다. 오늘날의 한국인들은 타인이나 공동체가 자신과는 무관하다고 느끼기 때문에 각자도생의 길을 걸어가고 있다. 이것은 한국인들이 타인과 공동체로부터 사랑, 존중, 도움을 받은 경험이 거의 없다는 것에서 비롯된다. 가족 공동체까지 붕괴된 오늘날, 상당수의 청년들은 '가족이 왜 필요한지 모르겠다'고 말한다. 가족으로부터 사랑과 존중, 도움을 받은 경험이 없는 청년들은 가족의 필요성에 공감하기 어렵다. 마찬가지로 국가로부터 사랑과 존중, 도움을 받은 경험이 거의 없는 한국인들은 국가가 필요하다거나 중요하다고 느끼지 못한다.

기본소득제는 한국인들의 연대의식과 공동체의식을 함양하는 데 크게 기여할 것이다. 기본소득제는 개인의 생존을 공동체가 책임지고, 개인은 공동체를 위해 헌신하는 집단주의 원리에 기초하는 제도이다. 가정은 노동력이 없는 가족 구성원, 즉 돈을 벌어오지 못하는 아이나 노인을 굶어 죽게 내버려 두지 않는다. 그들 역시 함께 살아가는 공동체의 일원이기 때문에 마땅히 생존의 권리를 보장해준다. 스티글리츠는 "우리는 공동체다. 모든 공동체는 내부에 불행한 사람들이 있으면 그들을 도와준다"고 강조했다. 에리히 프롬도 기본소득제를 반대하는 것은 반려동물에게조차 인정해주는 생존의 권리를 이웃에게 인정해주지 않는 짓이라고 비판하기도 했다.

국가가 개인들의 생존을 책임지고 보장하면, 사람들이 타인을 대하는 태도, 국가를 대하는 태도는 크게 달라질 것이다. 기본소득은 나와 타인의 세금이기 때문이다. 사람들은 자신을 사랑하고 존중하며 자신에게 실질적인 도움을 주는 타인과 국가에 우호적이고 너그러운 태도를 갖게 되고, 나아가 국가를 사랑하고 자랑스러워할 것이다. 기본소득제는 모두가 힘을 합쳐 사회를 개혁하는 길이 살 길이며 옳은 길이라는 의식 전환을 촉진할 것이다. 기본소득제는 사회가 바뀌면 자신의 운명도 바뀐다는 경험을 하게 해줌으로써 힘을 합쳐 세상을 바꾸는 것이 모두가 행복해지는 길이라는 자각을 불러올 수 있다.

3. 조직민주주의

한국인들에게는 국민들을 탄압한 대통령을 여러 번 권자에서 끌어내린 소중한 역사적 경험이 있다. 그러나 직장에서 소유주나 CEO를, 학교에서 재단이사장이나 교장을, 병원에서 소유주나 병원장을, 군대에서 장군을 끌어내린 경험은 거의 없다. 한국인들은 촛불을 들고 광장에 나설 때는 역사와 민주주의의 주인이지만, 일상에서는 노예의 처지를 면치 못하고 있다. 광장에서는 모두 자유롭고 평등했지만, 일상에서는 불공정과 불평등에 짓눌려 있다. '광장'의 민주주의를 이제는 '민생 현장'의 민주주의로 발전시켜야 한다.

한국인들에게는 대통령이나 국회의원을 투표할 권리는 허용되지만, 자신이 소속된 조직의 주인이 될 권리는 허용되지 않는다. 이런 점에서 한국의 민주주의는 가짜 민주주의 혹은 미완의 민주주의라고 할 수 있다. 사실 사람들에게 더 중요하고 실질적으로 도움이 되는 것은 대통령을 투표할 수 있는 권리가 아니라 조직이나 직장의 주인이 될 수 있는 권리이다. 일상생활을 영위하는 조직이나 직장 등에서 권리가 없다면 대통령을 아무리 바꾼들 한국인의 삶은 달라지지 않을 것이다. 조직민주주의가 뒷받침하지 않는 민주주의란 가짜 민주주의일 뿐이다.

　조직민주주의를 실현하려면 우선 조직민주주의를 제도화하는 법을 만들어야 한다. 독일이나 북유럽 나라들은 노동자에게 경영에 참여할 권리를 보장하고 있다. 예를 들면 기업을 노사 동수의 경영위원회가 경영하는 식이다. 노동자의 경영 참여는 노사 간 협력과 사회평화를 촉진하며 회사에 대한 노동자들의 신뢰와 충성심을 높여 생산성에도 긍정적인 영향을 미친다. 상당수의 학자들은 독일이 세계 최고 수준의 경쟁력을 갖춘 '제조업 국가'가 된 비결 중 하나가 바로 노동자의 경영 참여에 있다고 주장한다. 노동자들이 경영에 참여하면 기업을 투명하게 운영해야 하기 때문에 CEO가 부당하게 이익을 독차지하는 것에 제동을 걸 수 있을 뿐만 아니라 비자금 조성이 어려워져 정경유착 현상이 약화되어 정치가 건전해진다. 북유럽 나라들이 정경유착에서 상대적으로 자유로운 것은 노동자의 경영 참여와 무관하지 않다. 이렇게 최소한의 조직민주주의조차 커다란 사회적 진보를 가져올 수 있다. 한국의 기업주들이나 각종 조직의 소유주들은 온갖 사회적 혜택과 협력 속에서 기업, 학교, 병원 등을 창업하고 운영해왔으면서 마치 기업이나 조직을 개인 소유물처럼 인식

하는데, 이런 전근대적이고 반사회적인 인식은 반드시 바뀌어야
한다.

또한 조직민주주의를 실현하려면 국민들의 저항의식을 높여
야 한다. 기업이나 조직을 사조직처럼 독재적으로 운영하는 것
을 막고 조직 내의 불의나 갑질 등을 근절하려면 조직 구성원들
이 저항할 수 있어야 한다. 앞에서도 언급했듯이, 인간관계는 쌍
방향적이라서 구성원들이 저항을 포기하면 그만큼 조직은 더 병
들고 썩기 마련이다. 따라서 수평적이고 민주적인 조직 문화가
정착되려면 조직을 민주주의적으로 운영하도록 법을 제정하는
것과 함께 구성원들의 저항의식과 권리의식을 높여야 한다.

기본소득제는 여기에서도 한몫할 수 있다. 기본소득제는 사람
들의 저항의식과 권리의식을 높여주는 효과를 준다. 위계 관계
나 조직 내에서 저항을 방해하는 중요한 원인 중 하나는 해고나
불이익에 대한 두려움, 즉 생존 불안과 존중 불안이다. 상사가 갑
질을 해도 대부분의 직장인들이 참고 견디는 것은 해고를 당해
서 생존이 위태로워질까 봐, 승진이 막혀 위계 상승이 어려워질
까 봐서다. 기본소득제는 사람들을 최소한 생존 불안에서는 해
방시켜주며 존중 불안도 약화시키기 때문에 사람들이 저항할 용
기를 내도록 고무하고 격려한다. 생존 불안에서 해방된 사람들
이 조직이나 직장에서 불의에 저항하기 시작하면 한국의 조직
문화, 직장 문화는 변할 수밖에 없다. 즉 조직문화가 권위주의적

이고 수직적인 문화에서 민주적이고 수평적인 문화로 바뀌고 조직이나 직장은 구성원들을 더 우대하고 존중해주는 쪽으로 변화할 것이다.

4. 평화 체제로의 전환

한국 사회가 가난-화목사회에서 풍요-화목사회가 아닌 풍요-불화사회로 추락한 것은 분단체제와 국가보안법으로 사회발전이 뒤틀리고 지체된 것과 밀접한 관련이 있다. 분단체제는 한국인들에게 자살골을 넣게 만들었다. 한국인들은 어떤 제도나 정책이 국민들에게 혹은 자신에게 이로운지를 따져보고 찬성과 반대를 결정하지 않는다. 모두에게 유리한 제도나 정책일지라도 사회주의적이거나 종북으로 몰릴 위험이 있으면 무조건 반대한다. 이 때문에 한국인들은 사회주의나 종북으로 몰릴 가능성이 없는 안전한 정책만을 선택해왔다. 한국 사회에서 무상의료, 무상교육, 무상주택(혹은 저렴한 국가 임대주택제도), 주요 산업이나 토지 국유화 등의 주장이 거의 등장하지 않았던 것은 그것들이 한국인들에게 이롭지 않아서가 아니다. 그런 주장을 하면 사회주의나 종북으로 매도당할 위험이 있어 말조차 꺼내지 못했던 것이다.

한국은 분단 체제로 인해 사회주의적 내용을 받아들임으로써 자본주의의 모순과 결함을 시정하거나 최소화하는 길이 아니라 자본주의의 모순과 결함을 계속 악화시키는 길로 줄달음쳐왔다. 이미 지난 세기에 세계적인 차원의 냉전은 종식되었지만, 한국은 여전히 분단체제에 발목 잡혀 미래로 나아가지 못하고 있다. 이제는 사회주의인가 아닌가, 종북인가 아닌가 따위의 저급하고 이분법적인 사고와 행동을 멈추고 합리적이고 열린 자세로 사회 개혁을 추진해야 할 것이다. 나아가 한국은 분단체제의 지속을 바라는 미국의 지배와 간섭을 과감히 물리치고 화해와 통일의 길로 나아가야 한다.

오늘날 한국 사회가 직면한 숱한 문제들을 해결하고 미래로 나아가려면 해방 이후에 실시되었던 토지개혁에 버금가는 급진적인 사회변혁이 필요하다. 하지만 현재 한국 상황으로 볼 때 급진적인 사회변혁은 현실적으로 어렵다. 따라서 시급히 해결해야 할 과제들에 힘을 집중하며 달성해가는 과정을 통해서 국민들이 사회변혁을 지지하도록 만들어야 할 것이다.

인류는 자본주의를 넘어서야 한다

스티글리츠는 "우리가 당장 해야 할 일은 간단하다. 지금껏 해온 행동을 멈추고 정반대로 행동해야 한다"고 말했다. 그가 말하는 '정반대'에는 자본주의와 정반대되는 사회제도로의 교체까지 포함되어야 마땅하다. 오늘날의 불평등한 현실이 말해주듯, 자본주의사회는 정의로운 사회가 아니며 화목한 사회는 더더욱 아니다.

자본주의 제도가 등장한 이후의 인류 역사는 자본주의 제도가 자체 모순에 의해 끊임없이 경제위기나 공황을 유발하고 온갖 사회악을 낳는다는 점을 확실하게 보여주고 있다. 자본주의 세계는 과거에 리셋 버튼으로 불평등 수준을 크게 낮춤으로써 붕괴를 가까스로 지연시킬 수 있었다. 그러나 그 약발은 진작에 떨어졌다. 현재의 자본주의 세계는 리셋 버튼을 아무리 눌러대도 붕괴를 막을 수 없는 막다른 골목에 도달해 있다. 극심한 불평등으로 인해 수요가 부족해 경제위기가 지속되는데, 자본주의 제도를 유지해서는 이 문제를 해결하기가 거의 불가능하다는 것에서 단적으로 드러난다. 인류가 계속 자본주의 제도를 고집한다면 4차 산업혁명으로 일컬어지는 과학기술 혁명은 수요 부족 현상을 더 심화시킬 것이다. 마르크스의 표현을 빌리자면 생산력과 생산관계의 모순으로 인해, 즉 과학기술이나 생산력 발전이 사회제도와 어울리지 않아서 오히려 사회를 파멸로 이끌게 될 것이다. 아나톨 칼레츠기는 《자본주의 4.0》에서 2008년에 시작된 세계경제 위기가 '자본주의의 위기'라고 주장하면서 단순히 은행이나 금융체계만이 아니라 정치철학과 경제체제 전체, 그리고 이 세상을 살아가는 방식이 붕괴됐다고 말했다.

자본주의를 대폭 수정해야 한다는 목소리는 여전히 자본주의 제도를 옹호하는 사람들에게도 나오고 있다. 현재의 자본주의 제도를 비판하면서도 제도 자체를 부정하지는 않는 스티글리츠는 "자본주의가 인간이 고안해낸 가장 효율적인 경제시스템이라는 주장은 들어봤어도, 자본주의 체제가 안정을 낳는다는 주장은 들어본 적이 없다. 밝혀두자면, 최근 30년 사이에 시장경제는 백여 차례의 위기를 겪었다"고 말하면서 현행 자본주의 제도를 개혁해야 한다고 주장했다. 자본주의 전도사들이 참여하는 2012년의 다보스 세계경제포럼 역시 '자본주의의 위기'를 주제로 다루면서 세계경제를 위협하는 가장 큰 원인이 소득격차라고 지적했다. 2012년 1월 〈블룸버그〉 보도에 의하면 다보스포럼에 참석했던 국제 투자자, 투자 분석가, 투자 중개인 등 참석자들 중에서 70퍼센트가 현행 자본주의 체제를 바꿔야 한다고 응답했다.

정상적인 사고능력이 있고 인류의 미래를 걱정하는 세계인들은 오늘날의 자본주의가 심각한 위기에 봉착해 있다는 점에 다들 동의한다. 물론 그것을 해결하는 방법론에서는 의견이 갈린다. 어떤 이들은 자본주의 제도는 그대로 두고 불평등 수준을 크게 줄여야 한다고 주장하고, 다른 이들은 자본주의 제도를 아예 사회주의와 같은 다른 제도로 바꿔야 한다고 주장한다. 전자는 북유럽 나라들처럼 자본주의 제도에 사회주의적 내용을 혼합하자는 주장이라고 할 수 있다. 스티글리츠는 "불평등이 20세기 자본주의가 낳은 문제라기보다 20세기 민주주의가 낳은 문제"라면서 "수익은 개인이 차지하면서 손실은 사회에 떠넘기는 짝퉁 자본주의와 1인 1표주의보다 1달러 1표주의에 더 가까운 불완전한 민주주의가 상호작용을 일으켜" 세상이 이 모양이 되었다고 비판한다. 한마디로 정치를 개혁해서 부의 불평등을 막자는 것이다. 그러나 독점자본가들이 국가를 비롯한 온 사회를 지배하고 있는 자본주의사회에서 절대다수의 국민들을 위해 독점자본과 비타협적으로 싸우며 근본적인 개혁을 추진할 민중의 정당이 과연 출현할 수 있으며 세력을 확장할 수 있을까? 국민들은 과연 어떤 정당에 표를 던져야 1달러 1표 민주주의를 끝낼 수 있을까?

한국인들은 김대중 정부, 노무현 정부, 문재인 정부와 같은 민주 정부를 선택해왔지만 경제나 분배 문제에서는 전혀 통제력을 행사하지 못했다. 미국이나 한국을 지배하는 독점자본이나 재벌의 사회 지배를 그대로 두고는 진정한 민주주의를 실현할 수 없다. 이것은 자본주의 제도를 유지하면서 체제 내적인 개혁을 추진하는 것이 명백한 한계를 가지고 있음을 의미한다. 따라서 한국인들, 나아가 인류는 사회주의 혹은 사회주의에 근접한 제도로의 교체를 진지하게 고려해야 한다.

사회주의라는 말에 반감이 있는 한국에서는 여전히 자본주의 제도를 고수하자는 의견이 대세를 이루지만, 그런 꽉 막힌 냉전적 사고를 붙들고 있다가는 파국을 막을 수 없을 것이다. 자본주의 옹호자들은 흔히 자본주의는 인간 본성에 맞는 사회이고, 사회주의는 인간 본성에 반하는 사회라고 떠든다. 즉 인간 본성은 원래 이기적이므로 사회주의는 망할 수밖에 없다는 것이다. 이런 주장은 인간이 사회적 존재라는 사실을 부정하는 비과학적, 반인간적, 반민중적 인간관에 기초하고 있다.

개돼지는 채찍이나 당근으로 유인하지 않으면 일을 하지 않는다. 개돼지는 배가 고파야만 먹이를 얻기 위해 움직이고 채찍질을 당해야만 움직인다. 사람이 생존 불안이나 존중 불안에 시달려야만 열심히 일한다고 보는 것은 사람을 개돼지와 똑같이 보는 것이다. 그러나 사람이 돈을 벌기 위해 미친 듯이 일을 하는 것, 즉 돈이 노동의 유일한 동기로 작용하는 것은 인간 본성이 아닌 자본주의의 산물이다. 많은 연구자가 밝혔듯이, 자본주의 이전 시기까지만 해도 돈은 노동의 주요한 동기가 아니었다. 자본주의사회에서조차 돈은 유일무이한 노동의 동기였던 적이 없고 그렇게 될 수도 없다. 자본주의사회에서 인간이 돈을 목적으로 일을 하는 것은 기본적으로 불안을 방어하기 위해서이다. 홉하우스는《노동운동》에서 "노동에 대한 동기부여로는 직접적이고 비례적인 금전적 보상 이외에도 실로 다른 것들이 존재한다. 승진에 대한 희망, 사회적 존경에 대한 희망이 있으며, 일에 대한 순수한 사랑 그리고 사회에 봉사하고자 하는 바람도 있다"고 말했다. 사람은 사회에 기여하는 보람찬 삶을 살기 위해, 자신의 잠재력을 실현하기 위해, 창조하는 기쁨을 느끼기 위해 노동을 한다. 오늘날의 인류가 돈을 벌기 위해 미친 듯이 일을 하는 것은 자본주의가 강요한 병리 현상일 뿐이다.

사람은 돈이 아닌 다른 가치를 목적으로 노동할 때 기쁨과 행복을 체험할 수 있다. 인간을 돈의 노예로 전락시키는 자본주의는 일을 고역으로 만들고 돈벌이 수단으로 전락시킴으로써 노동으로 느낄 수 있는 기쁨과 행복을 빼앗아간다. 과학기술과 생산력이 고도로 발전한 21세기에서 직업은 돈벌이나 생계유지 수단이 아니라 자아실현이나 사회에 기여하기 위한 사회활동으로 자리매김해야 한다. 즉 생계는 국가가 보장해주고 사람들은 즐겁고 기쁜 마음으로 보람찬 노동을 하면서 살아갈 수 있어야 한다. 21세기 노동은 사람들이 서로 위해주고 이끌어주면서 협력하는 매개물이 되어야 한다. 이를 위해서는 신성한 노동을 돈벌이 수단이나 생계유지 수단으로 전락시키고 갈등을 조장하는 부정의한 자본주의 제도를 변혁해야 한다. 자본주의사회는 궁극적으로는 인간을 망가뜨리는 반인간적 사회이다.

자본주의와 환경보호가 양립할 수 없는 이유

|

자본주의 제도는 인류의 생산력 수준을 높이는 데 크게 기여했다. 그러나 지금처럼 자본주의사회가 지속된다면 인류는 머지않아 환경오염으로 생존하지 못하게 될 것이다. 환경보호는 더이상 미룰 수 없는 전 인류적 과제다. 지속적인 환경파괴와 기후변화로 오늘날의 지구는 이미 생태균형을 잃었고 자정능력을 상실했다.

환경파괴의 주범은 자본주의다. 즉 제국주의와 이윤추구를 본성으로 하는 독점자본가들의 침략전쟁과 식민지 약탈, 자본주의 공해산업 등이 그 주범인 것이다. 자본주의 제도를 고수하는 한 인류는 환경문제를 해결할 수 없다. 그 이유를 세 가지 언급하자면 다음과 같다.

첫째, 개인적 이윤추구는 환경보호와 양립할 수 없다. 치열한 경쟁 속에서 살아가는 자본가들에게 가장 중요한 것은 이윤추구이지 환경보호가 아니다. 자본가들은 공해방지 설비를 갖추는 것보다 벌금 비용이 적게 드는 한 공해물질을 계속 배출할 것이다. 더욱이 오늘날 정부를 손아귀에 쥐고 있는 독점자본가들은 정부의 환경 규제를 약화시킴으로써 마음껏 환경을 오염시킬 수 있다. 한마디로 이윤추구는 자본가의 본성이므로 환경오염을 멈추기란 불가능하다. 개인들도 마찬가지다. 개인들은 돈이 되는 한 희귀동물을 계속 사냥할 것이고, 돈을 아낄 수만 있다면 기꺼이 오염물질을 배출할 것이다. 환경보호는 다수의 사람들이 개인주의적인 욕망, 특히 돈에 대한 욕망에서 해방되어 모든 인류의 행복을 염원할 수 있을 때 비로소 가능해진다. 자본가의 이윤추구 동기와 개인들의 돈에 대한 욕망을 끊임없이 부추기고 강화하는 자본주의사회는 환경파괴를 막을 수 없다.

둘째, 자본주의적 생산방식은 환경보호와 양립할 수 없다. 자본주의는 사람들의 욕망을 끊임없이 자극한다. 그래야만 자본주의가 계속 굴러갈 수 있기 때문이다. 이제 생필품이 된 스마트폰이나 자동차의 생산은 계속될 것이다. 하지만 군이 스마트폰이나 자동차를 주기적으로 신형으로 바꿔야만 할까? 스마트폰이나 자동차를 오래 쓸수록 환경은 덜 파괴될 것이다. 하지만 이를 자본가들이 달가워할 리 없다. 자본가들은 신형 스마트폰과 자동차를 사고 싶게끔 사람들을 부추기고 자극한다. 소유물이 위계를 표시하는 사회에서 살아가는 사람들은 존중 불안 때문에라도 부지런히 신형을 산다. 자본주의는 사람들에게 계속 불필요한 욕망을 자극하고, 그 욕망을 충족시키기 위해 불필요한 생산을 되풀이해야만 존속할 수 있는 사회이다. 다시 말해 자본주의는 지구가 멸망하는 그날까지 환경파괴를 멈출 수 없는 사회제도이다. 헐리우드의 공상과학 영화들에 자주 등장하는, 자원이 완전히 고갈된 지구를 버리고 새로운 행성을 찾아 나서는 미래

인류의 모습이 바로 자본주의의 미래인 것이다.

셋째, 자본주의적 낭비와 환경보호는 양립할 수 없다. 자본주의는 무정부적으로 생산을 한다. 자본주의는 사회적으로 필요한 수요에 맞춰 계획적으로 생산하지 않는다. 자본주의사회에서는 개별 자본가들이 각자 알아서 생산하기 때문에 과잉생산이 발생한다. 미국의 농업자본가들이 식량을 과잉생산한다고 해서 그 식량을 배고픈 사람들이나 가난한 나라 사람들에게 나눠 주지 않듯이, 과잉생산된 생산물은 폐기 처분된다. 이런 식으로 자본주의사회는 끊임없이 물건을 과잉생산하고 끊임없이 폐기 처분한다. 이러한 낭비는 환경파괴로 이어지기 마련이다.

오늘날 독점자본가들이나 자본주의 나라의 학자들은 환경파괴의 원인을 순수한 기술적 문제에 귀결시키면서 환경문제의 사회정치적 성격을 부인한다. 환경파괴는 과학기술 발전, 생산력 발전이 초래하는 불가피한 결과라고 거짓말하는 것이다. 또한 환경파괴의 주범을 인간 일반(인류)으로 왜곡하여 인간 증오를 부추기기도 한다. 요즘 영화나 만화에는 지구를 좀먹는 바이러스 같은 인간을 전멸시켜야만 지구가 살아날 수 있다고 떠들어대는 인물들이 빈번히 등장한다. 독점자본가들과 그 하수인들은 일반인들이 결혼과 출산을 하지 말아야 하며, 나아가 가난하고 일자리가 없는 사람들을 없애야만 지구를 살릴 수 있다는 궤변을 늘어놓기도 한다. 그러나 지구를 파괴하는 것은 인간이 아니라 반환경적인 자본주의 제도이다. 만일 자본주의가 환경을 파괴하는 주범이라는 사실을 계속 부인한다면 많은 이들이 우려하는 것처럼 22세기는 오지 않을 수도 있다.

인류는 극단적인 불평등을 해소하고 불안을 줄이는 작업부터 시작해서 궁극적으로 사회주의로 나아가야 한다. 실패한 소련식 사회주의를 답습하자는 주장이 아니다. 실패한 것은 소련식 사회주의이지 사회주의 그 자체가 아니다. 사회주의 제도는 풍요-화목사회를 가능하게 해주는 가장 현실적이고 합리적인 모델이므로 성공적인 사회주의사회를 건설하려는 인류의 노력은 지속되어야 한다. 그래야만 인류는 22세기를 맞이할 수 있을 것이다.

오늘날 인류는 고도로 발전한 생산력에 걸맞은 화목한 사회를 건설함으로써 상생과 번영의 길로 나아갈지, 아니면 시대착오적이고 반인간적인 사회제도를 고집함으로써 공멸의 길로 나아갈지 선택해야 한다. 재난 연구가 레베카 솔닛은 《이 폐허를 응시하라》에서 "재난은 지옥일 수도 있지만, 우리가 어떻게 믿고 어떻게 행동하느냐에 따라 유토피아를 향한 문을 열 수도 있다"고 말했다.

오늘날 지구촌을 강타하는 지속적인 경제위기와 코로나 사태 등은 인류에게 더 이상 머뭇거리지 말고 이상사회로 나아가는 문을 과감하게 열라고 재촉하는지도 모른다. 이상사회로 나아갈 수 있는 객관적 조건이 이미 무르익었음에도 인류가 잘못된 선택을 고집한다면 그 대가는 참혹할 것이다. 부디 한국인들이 옳은 선택을 하는 세계적인 모범을 보임으로써 이상사회로 가는 선두주자가 되기를 강력히 희망한다.

지금 이 시대는
역사적인 분기점이
되어야만 한다

오늘날의 인류는 과학기술과 생산력의 급속한 발전으로 전례 없는 물질적 풍요를 누리며 살고 있다. 한국 역시 과거보다 훨씬 더 부유해졌고 더 풍요로워졌다. 그러나 오늘날 자본주의 세계에서 살아가는 인류는 오히려 과거보다 훨씬 더 심각해진 정신질환이나 사회악으로 몸살을 앓게 되었다. 물질적 풍요 수준이 상승하는 것과 동시에 불안 관련 정신장애나 우울증 등의 정신질환을 앓는 사람들의 비율이 급격하게 증가했고, 각종 중독 현상이나 인간증오 범죄 등이 기승을 부리고 있다. 한마디로 인류는 물질적으로 풍요로워졌지만, 과거보다 더 큰 고통에 시달리며 더 불행해진 것이다.

왜 물질적 풍요는 인류에게 행복이 아닌 불행을 강요한 것일까? 이 질문에 대한 답으로 많은 지식인이 불평등을 제시했다. 1990년대부터 서구 사회에서는 자본주의 세계의 불평등 수준이 가파르게 증가하고 있으며, 그 불평등이 온갖 정신질환과 사회악의 원인이라는 연구들이 쏟아져 나왔다.

불평등은 왜 사람과 사회를 병들게 만들고 황폐화시키는 것일까? 사람이 쾌적한 조건에서 행복하게 살아가려면 일단 물질적으로 풍요로워야 한다. 굶주리면서 살아가는 삶이 행복할 수는 없다. 동시에 사람이 행복해지려면 반드시 화목한 사회에서 살아가야 한다. 제아무리 부잣집일지라도 화목하지 않으면 행복할 수 없는 것처럼, 화목하지 않은 사회에서 살아가는 사람들은 행복할 수 없다. 불평등은 화목한 사회가 아닌 불화하는 사회를 강제한다.

어떤 이들은 과거에도 늘 있었던 불평등이 왜 새삼 문제가 되는지 의문을 제기하기도 한다. 노예제사회에는 노예주와 노예 사이의 불평등, 봉건제사회에는 양반(지주)과 평민(농노나 소작인) 사이의 불평등, 자본주의사회에는 자본가와 노동자 사이의 불평등이 존재한다. 그리고 이런 불평등은 반드시 노예주와 노예, 양반과 평민, 자본가와 노동자 사이의 계급적 불화를 초래했다. 그러나 오늘날의 불평등은 과거와는 차원이 다른 새로운 불평등이다. 한국을 포함하는 자본주의국가들, 특히 소위 선진국이라고 일컬어지는 국가들은 신자유주의가 일반화되면서 단순한 위계사회에서 다층적 위계사회로 이행했다. 과거에는 기껏해야 4~5층짜리 위계 피라미드사회였다면, 오늘날은 100층이 넘는 위계 피라미드사회라고 할 수 있다. 과거의 불화는 기본적으로 계급 간의 불화였지만, 오늘날의 불화는 각각의 위계 불화에다 위계 내 불화까지 더해진 최악의 불화, 21세기형 불화이다.

마약 중독자는 마약이 자신에게 해롭다는 것을 알고 있다. 그러나 마약을 과감하게 끊지 못해 파멸에 이르곤 한다. 오늘날의 자본주의 세계는 마치 이런 중독자를 연상시킨다. 사회를 화목하게 만들지 못하는 물질적 풍요가 사람들과 사회에 해롭다는 사실을 알고 있으면서도, 여전히 풍요만을 추구하면서 자멸해가고 있기 때문이다. 오늘날의 자본주의 세계는 사회적으로는 더 많은 경제성장을 향해, 개인적으로는 더 많은 돈을 향한 전력 질주를 멈추지 못하고 있다. 한마디로 풍요에 중독되어 벗어나지 못하는 것이다.

오늘날의 인류가 풍요중독에서 탈출하지 못하는 것은 풍요-불화사회가 인류 역사상 가장 불안 수준이 높은 사회라는 것과 관련이 있다. 불안은 곧 고통이고, 고통은 어떻게든 피해야 한다. 인류는 불안을 방어하기 위해, 불안으로부터 도망치기 위해 돈과 물질적 풍요에 의존하게 되었고, 결국 풍요중독자가 되었다.

인류가 풍요중독에서 속히 빠져나오지 못하면 멸망을 피할 수 없을지도 모른다. 이미 오래전부터 많은 이들은 인류가 지금과 같은 삶의 방식을 바꾸지 않는다면 22세기를 맞이할 수 없을 것이라 경고해왔다. 2020년에 세계를 강타한 코로나19 사태와 기후 변화는 이런 경고가 단순한 기우가 아님을 뚜렷이 보여주고 있다. 인류가 풍요중독에서 하루빨리 벗어나지 못한다면 환경파괴는 절대로 막을 수 없을 것이고, 22세기는 오지 않을 것이다.

사람들에게 환경보호에 동참하라고 호소하거나 돈에 대한 욕심을 버리라고 설득하면 인류가 작금의 위기에서 벗어날 수 있을까? 대답은 당연히 '아니다'이다. 불안을 극대화시켜 사람들을 돈의 노예가 되게끔 강제하는 풍요-불화사회를 그대로 두고서는 오늘날의 위기를 절대로 극복할 수 없다. 이 위기는 개개인들의 잘못에서 비롯된 것이 아닌 사회가 초래한 위기이기 때문이다.

영화 〈헝거 게임〉에는 어떤 섬에 사람들을 몰아넣고는 서로 싸우게 만들어 마지막 생존자 한 명만 살려주고 상금을 주는 장면이 나온다. 이런 조건 속에서 사람들이 서로 화목하게 살아갈 수 있을까? 경쟁자가 화살을 쏘면서 덤벼드는데, 그런 상황을 긍정적으로 해석하거나 마음 수양만 하면 문제가 해결될 수 있을까? 진정한 해결책은 마지막까지 살아남은 한 명에게만 상금을 주는 것이 아니라 모두가 생존해 공정하게 상금을 분배받는 식으로 게임의 규칙을 바꾸는 것이다. 풍요-불화사회를 풍요-화목사회로 바꾸려면 사회제도를 바꿔야 한다. 개인들에게 사이좋게 지내라고 호소하기 전에 서로 싸우지 않아도 괜찮은 사회부터 만들어야 한다.

얼마 전에 교황은 신도들에게 보내는 편지에서 코로나19 팬데믹으로 무능한 정치와 시장자본주의의 실패를 확인했다면서 인류애를 중심에 둔 새로운 삶의 방식을 찾아야 한다고 호소했다. 그러려면 반드시 사회제도를 변혁해야 한다. 불안하지 않은 사회, 화목한 사회를 건설할 수 있다면 인류는 22세기를 기쁜 마음으로 맞이할 수 있을 것이다. 21세기는 인류가 먼 옛날부터 간절히 꿈꿔왔던 이상사회인 '풍요-화목사회'로 나아가는 역사적인 분기점이 되어야만 한다.

2020년 11월
심리학자 김태형

고경호,《공정분배》, 프레너미, 2016.

권혁용 외,《여론으로 본 한국사회의 불평등》, 매일경제신문사, 2019.

김기태,《대한민국 건강 불평등 보고서》, 나눔의집, 2012.

김아리 엮음,《올 어바웃 해피니스》, 김영사, 2019.

김윤태,《불평등이 문제다》, 휴머니스트, 2017.

김학진,《이타주의자의 은밀한 뇌구조》, 갈매나무, 2017.

경제인문사회연구회,《우리 사회는 공정한가》, 한국경제신문, 2012.

마이클 마멋,《건강 격차》, 동녘, 2017.

박원익 · 조윤호,《공정하지 않다》, 지와인, 2019.

복대원 · 선보라,《차별은 원숭이도 화나게 한다》, 바다출판사, 2019.

선우현,《평등》, 책세상, 2012.

리처드 세터스텐 · 바버라 E. 레이,《20대=독립은 끝났다》, 에코의서재, 2012.

조지프 스티글리츠,《불평등의 대가》, 열린책들, 2013.

조지프 스티글리츠,《거대한 불평등》, 열린책들, 2017.

오찬호,《우리는 차별에 찬성합니다》, 개마고원, 2013.

리처드 윌킨슨,《건강 불평등》, 이음, 2011.

리처드 윌킨슨,《평등해야 건강하다》, 후마니타스, 2008.

리처드 윌킨슨 · 케이트 피킷,《불평등 트라우마》, 생각이음, 2019.

이정전,《주적은 불평등이다》, 개마고원, 2017.

이종수,《대한민국은 공정한가》, 대영문화사, 2013.

에릭 에릭슨 · 조앤 에릭슨,《인생의 아홉 단계》, 교양인, 2019.

장상수 · 김상욱 · 신승배,《한국사회의 불평등과 공정성 인식》, 성균관대학교출판부, 2015.

장하성,《왜 분노해야 하는가》, 헤이북스, 2015.

최환석, 《갑질사회》, 참돌, 2015.

로버트 커즌번, 《왜 모든 사람은 (나만 빼고) 위선자인가》, 을유문화사, 2012.

옌스 푀르스터, 《에리히 프롬》, 아르테, 2019.

하승수, 《청소년을 위한 세계 인권사》, 두리미디어, 2011.

스튜어트 화이트, 《평등이란 무엇인가》, 까치, 2016.

풍요중독사회

© 김태형, 2020

초판 1쇄 발행 2020년 11월 12일
초판 4쇄 발행 2022년 4월 11일

지은이   김태형
발행인   이상훈
편집인   김수영
본부장   정진항
편집2팀   허유진 이현주
마케팅   김한성 조재성 박신영 조은별 김효진 임은비
사업지원   정혜진 엄세영

펴낸곳   (주)한겨레엔 www.hanibook.co.kr
등록   2006년 1월 4일 제313-2006-00003호
주소   서울시 마포구 창전로 70(신수동) 화수목빌딩 5층
전화   02)6383-1602~3   **팩스**   02)6383-1610
대표메일   book@hanien.co.kr

ISBN 979-11-6040-440-1 03300